なるほど世界地理

気になる疑問から学ぶ地理の世界
地図・自然環境・民族・生活文化・産業・環境問題

宇田川勝司

はじめに

　筆者が住む愛知県犬山市と岐阜県との県境の丘陵地に「リトルワールド」というテーマパークがある。日本で唯一の野外民族博物館であり，2012年には世界最大の旅行口コミサイト「TripAdvisor（トリップアドバイザー）」から口コミ評価の高い観光施設を認定する「Certificate of Excellence award（エクセレンス認証）」を受賞した。このリトルワールドには，東京ディズニーランドの2倍以上という広大な敷地に，世界各地の多くの建造物が移築・復元されており，本書でも紹介しているアルベロベッロの住宅(p.100)やアフリカの一夫多妻制の集落(p.122)も，ここへ行くと日本にいながらホンモノを見ることができる。

　筆者は月に3〜4回ほどこのリトルワールドで来場者に施設や展示物の解説をする活動をしている。この活動をするためには，まず，当然のことながら世界各地の文化や暮らしについての知識を充実させなければならないが，筆者もここで活動するなかで初めて気づいたことが多い。たとえば，我々日本人の住宅に風呂があるのは当たり前のことだが，韓国・インド・イタリア・フランス・トルコなどリトルワールドにある世界各地のどの国の住居を見ても日本のように浴槽がきちんと備わった浴室というものが見当たらない。日本人はどこの国の人も我々と同じように風呂に入る習慣があるものとつい思い込んでいるが，風呂どころか住居内にトイレすらない国だって決して珍しくはない。

　今や在留外国人は200万人を超え，1年間に日本を訪れる外国人旅行者は約2000万人，海外渡航をする日本人は約1500万人

に達し（2015年），決して日本は閉ざされた国ではない。グローバル化が進展する国際社会のなかで，日本人が世界の国々の政治・経済・文化について持っている知識や情報は，豊かで的確である。しかし，そんな日本人だからこそ入浴習慣のように思い込みや勘違いをしていることも多い。

　もう一つ例を挙げよう。ブラジルワールドカップのとき，現地で試合後に日本のサポーターたちがスタジアムのゴミをポリ袋に拾い集めている姿が報道され，多くの称賛を受けた。もちろん，筆者も同じ日本人として彼らを誇らしく思った。ただ，その一方で，世界には彼らの行為は善意を勘違いしているという声が少なからずあったことをご存じだろうか。自分たちでゴミのあと片付けをすることを当然のマナーと考えるのは日本人の価値観であり道徳心である。イタリア人は愛犬と散歩中に犬が道ばたにウンチをしても，決して自分では片付けないそうだ。それは清掃員の仕事で，自分たちはそのために税金を納めており，自分で片付けると清掃員の仕事を奪うことになるのでやってはいけないという理屈だ。日本の常識は必ずしも世界の常識ではない。

　前著『なるほど日本地理』では，日本地理に関する「なぜ？どうして？」という日常の中の些細な疑問に焦点を当てたが，本書ではさらに世界に視野を向け，「なぜ？どうして？」に加えて，「えっ，それってホント！」という世界の国々の意外な真相を探ってみた。世界の国々の実情を知れば，自ずから日本という国を再認識することができる。本書がその一助になれば幸いである。

2016年4月　　　宇田川勝司

目次

第1章　世界地図の気になる疑問

1. 世界地図が北を上にして描かれるのはなぜ？……………10
2. ヨーロッパとアジア　境界線はどこ？……………………14
3. 南米とラテンアメリカは何が違うのだろう？……………16
4. ロシア・マレーシア・エチオピアなど末尾が"ia"となる国が多いのはなぜ？……………………………………18
5. イギリスを「イギリス」と呼ぶのはなぜ？………………20
6. オーストラリアとオーストリア　似て非なる国名　その語源は何だろう？……………………………………24
7. アメリカ合衆国っていうけれど"合衆国"って何だろう？…28
8. シーランド公国？　そんな国どこにあるの？　—国家の定義とは—……………………………………32
9. 黒海ってホントに黒いのだろうか？　黄海・紅海・白海はどんな色？………………………………36
10. 北極を通ればヨーロッパが近い！　ついに実現！北極海航路………………………………38
11. カスピ海は湖？　それとも海？　呼称にこだわる沿岸諸国の思惑……………………………42

第2章　違いが気になる疑問

1. 熱帯・乾燥帯・温帯・冷帯・寒帯　世界を5つの気候帯に分けたのはなぜ？……48
2. 南極 vs 北極　広いのはどっち？　寒いのはどっち？……52
3. 黒色人種・白色人種・黄色人種の違い　人種って何だろう？……58
4. ゲルマン民族・ラテン民族・スラブ民族の違い　民族って何だろう？……64
5. 短距離王国ジャマイカ vs 長距離王国ケニア　その強さの秘密……70
6. 比較検証！　コメ vs 小麦……78
7. 比較検証！　日本のコメ vs アメリカのコメ……82
8. 比較検証！　コーヒー vs 茶　—世界の二大喫茶文化—……88
9. 世界一厳重な国境 & 自由な国境　—世界の国境事情—……94
10. 世界遺産白川郷 & 世界遺産アルベロベッロ　—気候と住居—……100
11. 新幹線 vs TGV　—日仏の鉄道事情—……106
12. 成田空港（日本）vs インチョン空港（韓国）　—日韓の空港事情—……110

第3章　日本人が気になる世界文化の疑問

1 イスラムの女性が全身を覆う衣服を着るのはなぜ？
　—宗教と衣服— ……………………………………………………118

2 一夫多妻制が世界の8割の民族社会で認められている
　のはなぜ？　—世界の結婚事情— ……………………………120

3 毎日，風呂に入るのは日本人だけってホント？
　—世界の風呂事情— ……………………………………………126

4 ヨーロッパにも露天温泉はあるのだろうか？
　—ヨーロッパの温泉利用法— …………………………………130

5 インド人がカレーを手で食べるのはなぜ？
　—世界の食事事情— ……………………………………………134

6 ソーセージといえばなぜドイツなのだろうか？
　—ドイツの風土と食文化— ……………………………………138

7 イギリス料理はホントにまずいのか？
　—イギリスの歴史と食文化— …………………………………140

8 地下鉄車内で飲食すると500ドル！
　シンガポールの罰金制度が厳しいのはなぜ？ ………………144

9 世界には，左側通行と右側通行の国があるのはなぜ？ ……150

10 『ドラえもん』がアメリカで40年間放映
　されなかったワケ ………………………………………………154

第4章　現代世界の気になる疑問

1 北回帰線が南へ移動しているってホント？ 162

2 赤道直下にペンギンの繁殖地があるってホント？ 164

3 北欧デンマークには海水浴場があるのにスキー場が
ないのはなぜ？ 166

4 IT大国インド，その発展のウラにはカースト制の
存在があったというのは真実だろうか？ 168

5 どうして日本がクジラを獲っちゃいけないの？
捕鯨論争の真相を知りたい 174

6 あと30年で石油がなくなるってホント？
―石油埋蔵量のホントとウソ― 180

7 ブラジルの自動車の燃料はサトウキビが
原料ってホント？　―世界のバイオ燃料― 184

8 世界の人口が100億人に到達する日はいつ？
―これからの人口問題― 190

9 世界で1日（24時間）に起こっていること 196

第 1 章

世界地図の
気になる疑問

1 世界地図が北を上にして描かれるのはなぜ？

普段，我々が目にする地図のほとんどは北が上になっている。
なぜだろうか？　また，いつ頃からそうなったのだろうか？

　世界で最初に世界地図を作ったのは，紀元前8世紀頃，地中海や黒海沿岸で活発に植民活動をしていたギリシャ人である。2世紀になると，ローマ帝国の地理学者**プトレマイオス**はヨーロッパ全土と北アフリカから中央アジアに及ぶ世界地図を作った。古代ギリシャやローマで作られたこれらの地図は，すでに北を上にして描かれていた。ルネサンス以降，**ベハイム**（ドイツ）や**メルカトル**（ベルギー）によって世界地図は急速に発達するが，やはり彼らが作成した地図も北が上だ。

　しかし，エジプトの古地図やイスラム圏の地図は，逆に南を上にして描かれていた。ヨーロッパでも中世に作られた地図は東を上にして描いたものが多い。現在でも，オーストラリアでは南を上にした世界地図が作られている。

　つまり，地図は必ずしも北を上に描かれているわけではなく，その向きは各地域や時代によって様々なのだ。それでは現在の世界地図が北を上に描かれている理由は何だろうか。アメリカのアラブ系マスメディア Al Jazeera America は世界中の古地図を調べ，その理由を「ヨーロッパ人が世界地図を作り，彼らは上にいたかったからだ」としている。ギリシャやローマの人たちが，北を上にして地図を描いたのは方位を意識したわけではなく，おそらく自分たちが住むヨーロッパ世界を中央に，地中海をその下に

ギリシャの地理学者ヘカタイオスの世界地図〈BC6世紀頃〉

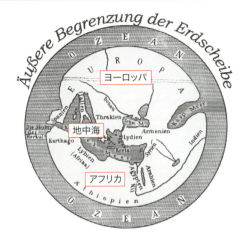

ギリシャが地図の中心，地中海をヨーロッパの下に描いている。

アラブの地理学者アル・イドリーシーの世界地図〈12世紀〉

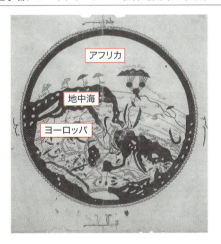

アラブ世界が地図の上になるよう，南を上にして描いている。
ヨーロッパは地中海の下に描かれている。

描いたからであろう。

　古代エジプト人は，ナイル川が地図の上方から下に流れるように描き，地中海を下辺に置いたために南が上の地図になった。イスラムの地図が南を上にして描かれたのは，イスラム世界では南方の赤道上に宇宙の中心が存在すると信じられており，その方角を地図の上にしたからである。中世のヨーロッパの地図が東を上にしていたのは，当時はローマ教会の権威が絶大で，キリスト教の聖地エルサレムが地図の上になるように描いたためだ。

　つまり，かつて地図を描く際に重視したのは方位ではなく，重要な土地を地図の中央や上部に配置することだったのだ。オーストラリアで南を上にした地図が作られているのも自国を世界地図の上部になるようにしたからである。本来，地図は北が上でなければならないというルールはなく，東西南北どの方位を上に描いてもよいのである。

　ただ，大航海時代以降，羅針盤が普及すると，北を示す方位磁針と対応させる必要から地図は北を上にするほうが使いやすいため，ヨーロッパでは，世界地図は北を上にして描くことが原則になる。これだとヨーロッパが地図の中央上部となり，ヨーロッパの国々にはなお都合がよい。近世以降の世界の文化や科学はヨーロッパを中心に発展するが，当然，世界地図もそのような背景があって，やがて北を上にすることが世界のスタンダードとして定着する。

　もしもヨーロッパが南半球にあったなら，あるいは方位磁針が南を指していたら，今頃我々はまったく逆さの世界地図を使っていたかもしれない。

地理学者メルカトル（ベルギー）の世界全図〈16世紀〉

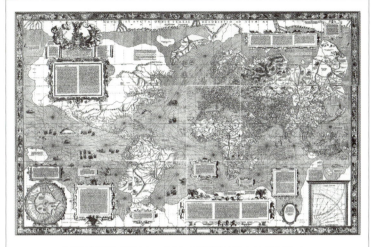

正角円筒図法で描かれ，海図・航海用地図として利用された。

南を上にして描かれた世界地図

〈©東京カートグラフィック株式会社〉

オーストラリアがある南半球を上に，太平洋を中心に描ている。

2 ヨーロッパとアジア 境界線はどこ?

> トルコは IOC や FIFA ではヨーロッパ委員会に属し，NATO にも加盟している。しかし，領土の大部分がアジア側にあり，日本の外務省では欧州局ではなく中東局が管轄している。トルコはヨーロッパ？　それともアジア？

　アジアとアフリカ，北アメリカと南アメリカの場合は，それぞれスエズやパナマの狭くくびれた地峡部が境界となっており，地理的に明確に区分することができる。しかし，ヨーロッパとアジアの場合，**ユーラシア**（Europe + Asia の合成地名）**大陸**を構成する一続きの同じ陸地にある。その境界線はどこに引けばよいのだろうか。<u>一般的にはウラル山脈－カスピ海－カフカス山脈－黒海－ボスポラス海峡を結ぶラインがその境界として認識されている</u>。しかし，このラインを境界とする根拠は何なのだろうか。

　ヨーロッパとアジアという地域概念は地理的な根拠ではなく，歴史や文化的な要素によるところが大きい。ヨーロッパは「日が没する土地」，アジアは「日が昇る土地」を意味する古代アッシリア語が語源とされており，すでに紀元前後頃にはヨーロッパ人は自分たちの文化圏をヨーロッパ，その東方の異文化圏をアジアとする概念を持っていたようだ。

　中世には，世界は地中海を挟んでヨーロッパ・アジア・アフリカに 3 分されるというカトリックの教義に基づく世界観が定着する（右ページ「TO 図」参照）。この場合のヨーロッパとはカトリック教会を奉じるラテン人やゲルマン人の社会であって，その範囲はドン川あたりまでで，現在のロシアは含まれなかった。現在のようにウラル山脈付近までがヨーロッパと認識されるようになっ

たのは、キリスト教徒であるスラブ人がロシア平原からモンゴル系部族を駆逐し、ロシア帝国を樹立した17世紀頃のことだ。

　つまりヨーロッパとアジアの境界は、ヨーロッパ世界のその時代の趨勢で漠然と考えられていたにすぎない。現在も定義としては確定していない。境界とされる地域に住む人たちにとって大事なのは国家や民族のアイデンティティであって、ヨーロッパとアジアのどちらに属するかなどは些細なことだろう。

ヨーロッパとアジアの境界線

TO図（7〜15世紀）

第1章　世界地図の気になる疑問

3 南米とラテンアメリカは何が違うのだろう？

メキシコやキューバはラテンアメリカと呼ばれるが，南北で分けると北アメリカ？　それとも南アメリカ？　中南米という言葉もよく聞かれるが，中米ってどこ？　キューバは含まれるのだろうか？

🌐 北アメリカと南アメリカ

　一般に，**パナマ地峡**の北側を北アメリカ，南側を南アメリカと呼ぶ。これは地理的な特徴に基づいた分け方で，州や大陸の名称として使われる。北アメリカのうち，メキシコからパナマにかけての地域とカリブ海の島々を総称して**中央アメリカ**と呼ぶ場合もある。ただ，これらは社会科の授業ではよく使われる馴染みの地域名だが，国際的な定義はなく，海外では必ずしも同じ使い方がされているわけではない。たとえば国連で使われる北方アメリカ（northern America）はアメリカ・カナダ・メキシコの3国を指しており，中央アメリカにベネズエラやコロンビアを加えて中部アメリカ（middle America）という呼称もある。

🌐 アングロ・アメリカとラテン・アメリカ

　民族・文化・言語などのつながりから見て，おもにアングロサクソン系の人々が移住し，開拓したアメリカやカナダを**アングロ・アメリカ**，スペインなどラテン系国家の植民地から独立したメキシコ以南の地域を**ラテン・アメリカ**と呼ぶ分け方もある。

　どちらも多様な民族が混在するが，アングロアメリカでは人口の約80％を白人が占めるのに対し，ラテンアメリカでは，国によって違いがあるもののメスティーソやムラートと呼ばれる混血の人々が多いのが特色である。

アメリカの区分

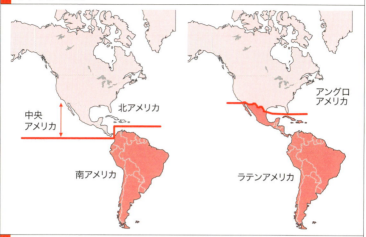

おもなラテンアメリカの国々の旧宗主国

旧宗主国名が未記載の国々はすべてスペインから独立した国々で、これらの国々はスペイン語を公用語としている。

4 ロシア・マレーシア・エチオピアなど末尾が"ia"となる国が多いのはなぜ？

パキスタン，アフガニスタンの"スタン"ってどういう意味？
インドネシア，ミクロネシアの"ネシア"ってどういう意味？

　世界の国々の名を英語で表記すると，国名の末尾が"ia"となる国が約40カ国ある。ロシア（Russia）やオーストリア（Austria）などヨーロッパの国々，エチオピア（Ethiopia）やタンザニア（Tanzania）などアフリカの国々にとくに多いが，アジアにもマレーシア（Malaysia）やサウジアラビア（Saudi Arabia），中南米にもコロンビア（Colombia）やボリビア（Bolivia）などがある。国名以外にもオセアニア（Oceania），シベリア（Siberia）などの広域地名からフィラデルフィア（Philadelphia）など都市名まで"□□ia"という地名は世界中に見られる。

　"ia"とは「□□の土地」や「□□の国」を意味する古代ギリシャ語やラテン語の接尾語である。現在でもバルカン半島のギリシャ周辺にはブルガリア（Bulgaria）やユーゴスラビア（Yugoslavia）など"□□ia"という国々が多く，英語では"□□ia"と表記しないがイタリア語ではフランスはフランシア（Francia），ドイツはゲルマニア（Germania），ポーランドはポロニア（Polonia）だ。

　"ia"以外にも，□□スタン，□□ランド，□□ネシアなどが末尾となっている国々がある。**スタン（stan）**はペルシャ語で，**ランド（land）**は英語で，どちらも"ia"と同じように地域や場所を表す接尾語である。**ネシア（nesia）**はギリシャ語の「nesos（島）」と「ia（土地）」が合成された接尾語で島々を意味している。

国名の由来【東アジア~南アジア】

中国 ……………… 自分たちの国は世界の中心に位置するという中華思想に由来する。英語のチャイナは，ローマ時代に当時の中国王朝の秦（Shin）がラテン語のShina に，さらに China に転化した。

韓国 ……………… 韓は「強い」という意味を持つ朝鮮民族の別称。朝鮮は朝日が鮮やかな土地を意味する"朝光鮮麗"が語源といわれるが不明。

モンゴル ………… チンギスハンがモンゴル系の部族を統一した頃から，「勇猛」を意味するモンゴル（蒙古里）と呼び始める。

カンボジア ……… クメール族の伝説の英雄カンブが建てた国カンプチア（Kambpu cha）が転化した。

フィリピン ……… 16 世紀にこの地を植民地にしたスペインが，自国の皇太子フェリペにちなんでフィリピナ諸島と命名。

タイ ……………… タイ語で「自由な国」を意味する。周辺国からはシャムと呼ばれたが，サンスクリット語の「褐色の部族」を意味するシャンが由来。

ミャンマー ……… かつてはバーマ（Burma），日本ではビルマと呼ばれていたが，1989 年，ミャンマー（Myanmar）に変更された。意味は同じで Burma は文語表記，Myanmar は口語表記でサンスクリット語の「強い」に由来する部族名。

マレーシア ……… この地に進出したインド人が使ったドラヴィダ語の「山地」を意味するマライ（malai）に由来。接尾語 ia を付けて「山地の国」の意味。

インドネシア …… 多くの島々に分かれ，地域の総称がなかったため，19 世紀末にドイツの民族地理学者が命名。「インド地方の島々」の意味。

インド …………… 「インダス川の国」という意味。ローマ人がインダス（Indus）に ia を付けてインディアと呼び，ポルトガル人によってインドに転化。

パキスタン ……… この国を構成する5地方の頭文字，パンジャブのP，アフガンのA，カシミールのK，シンドのS，バロチスタンの stan を合成。

アフガニスタン …「山の民」を意味する部族名のアフガン（Afgan）に国を表す接尾語の stan を付けて「山の民の国」の意味。

5 イギリスを「イギリス」と呼ぶのはなぜ？

アメリカを英語で表記すると "America", フランスは "France", ではイギリスは？ 翻訳サイトで「イギリス」を英訳すると, 表示されたのは "the U.K." "United kingdom" "Britain"。イギリスという英語はないのだ。

🌐 イギリスと呼ぶのは日本人だけ

　イギリスを「イギリス」と呼ぶのは日本人だけで, この呼び名は海外では通じない。それでは**イングランド（England）**と呼べばよいのかというとこれも正確ではない。イギリスは4つの国（Country）で構成されており, イングランドはその一つにすぎないからだ。イギリス北部（スコットランド）に住む人に「Are you English?」と尋ねても, 彼らは「No, I'm Scottish.」と答えるだろう。300年ほど前までは, スコットランドはイングランドとは別の王が治めるブリテン島北部の独立国であり, イングランドはブリテン島南部を領有していた王国だった。1707年, 両国は統合され, 「グレートブリテン王国」が成立する。19世紀にアイルランドを併合すると「グレートブリテンおよびアイルランド連合王国」, さらにアイルランドの南部が独立すると, 現在の「**グレートブリテンおよび北部アイルランド連合王国（United Kingdom of Great Britain and Northern Ireland）**」が正式名称となる。ただ, これでは長いので国際的には略称である「**UK**」が一般的に使われている。

　それでは, いつ頃からなぜ, 日本人はこの国をイギリスと呼び始めたのだろうか。これは, イギリス船が初めて日本に来航した鎖国が始まる前の江戸時代初頭まで遡る。この頃, すでに日本は

イギリスを構成する国

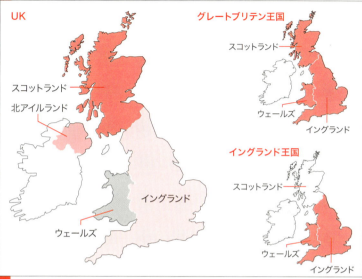

イギリス国旗(ユニオンジャック)の成り立ち

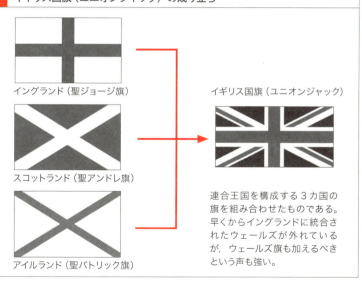

連合王国を構成する3カ国の旗を組み合わせたものである。早くからイングランドに統合されたウェールズが外れているが、ウェールズ旗も加えるべきという声も強い。

ポルトガルと交易し，九州の平戸には商館も開設されていたが，ポルトガル人がイギリス人をイングランド人を意味するイングレス（Inglez）と呼んでいたことから，当時の日本人がエゲレスと呼び，やがてイギリスという呼称が日本では一般化したと思われる。

🌐 オランダとギリシャも日本だけの呼び名だ

実はイギリス以外にも，現在，日本人が使っているヨーロッパの国名には，この時代のポルトガル語の発音が元になったものが多い。

オランダは，ネーデルラント（Nederland），英語ではネザーランド（Netherlands）が正式名称だが，日本人はこの国をオランダと呼んでいる。これは，まだネーデルランドが統一されていなかった16世紀にオランダ中央部を支配していた小国家ホラント（Holland）を，戦国時代に来日したポルトガル人がホランダ（Holanda）と呼んでいたことに由来する。

ギリシャも正式名称はエリニキ・ディモクラティア（Ellinikí Dimokratía），通称はギリシャ語でエラス，英語ではヘラス，日本人が聞いてもまったくどこの国のことやらチンプンカンプンだ。この国を日本人だけがギリシャと呼ぶのは，やはりポルトガル語に由来し，グレシア（Glesia）が語源となっている。グレシアは，古代ローマ時代のギリシャの地方名グラエキア（Glaecia）が転化したものである。

国名の由来【中央アジア〜西アジア】

カザフスタン ………「自由の民，流浪の民」を意味するカザク（quzzaq）に接尾語 stan で「流浪の民の国」の意味。

ジョージア …………2015 年，日本政府はグルジアの呼称を英語由来のジョージア（Georgia）に変更した。ロシア語由来のグルジアはソ連統治時代の呼称であり，ジョージア政府は呼称変更を各国へ要請し続けてきた。国名はキリスト教の聖人の一人聖ゲオルギウス（St.Georgius）に由来する。

イラン ………………「アーリア人の国」という意味。アーリアはサンスクリット語で「高貴」を意味するアリアナ（aryana）が語源で，この aryana が ariana → Irani → Iran と転化した。

イラク ………………古代メソポタミアの都市ウルク（Uruk）が由来。ウルクの意味はアラビア語で「豊かな土地」や「大河に挟まれた土地」など諸説がある。国名は似ていてもイラクとイランとは，民族もイスラム教の教派も異なる。

イスラエル …………第二次世界大戦後の独立の際に，古代王国イスラエルの名を復活させた。イスラエルはヘブライ語で「神と戦う人」の意味。

サウジアラビア ….この国の現王家であるサウド家のアラビアの意味。アラビア（Arab + ia）はアラブ人の土地。

クウェート …………16 世紀にポルトガル人が貿易の基地として港を建設し，遊牧民の襲来に備え，高い城壁で囲ったところから，アラビア語で「囲い込み」を意味するアル・クウェート（al-Kuwayt）と呼ばれた。

イエメン ……………「右手の国」という意味。イスラム教徒がメッカの神殿の正面に向かったとき，南は右手の方角にあたり，メッカより南の地方を右手の土地という意味のアル・ヤーマン (al-Yaman) が Yemen に転化した。

トルコ ………………古くからペルシャ語でトゥルク(Turk)，中国語でチュルク(突厥)などと呼ばれ，「人間」を意味する族名が由来とされるが，不確実である。トルコは英語ではターキー（Turkey）というが, 七面鳥（turkey）はトルコ原産ではない。

6 オーストラリアとオーストリア 似て非なる国名 その語源は何だろう？

2005年の愛知万博では，オーストリア館のパンフレットで，自国を「オース鳥ア」，オーストラリアを「オース虎リア」と紹介していたという。

🌐 東の国と南の国

　オーストリア大使館は都内港区の元麻布にあるが，オーストラリア大使館と間違えて来る人がけっこう多いそうだ。そのため，オーストリア大使館には，同じ港区内だが少し離れた三田にあるオーストラリア大使館までの地図が掲示されている。

　オーストリア（Austria）と**オーストラリア（Australia）**は音や表記がよく似ているため，日本人だけではなく，欧米でも2つの国を混同する人が多い。イギリスからオーストリア宛の郵便物が地球を半周してオーストラリアに送られ，そこで誤配のスタンプを押されて再び地球を半周してやっとオーストリアへ，そんなできごとが実際によくあるそうだ。2014年，オーストリアを訪れたパン・ギムン国連事務総長は会議の演説の中でオーストリアをオーストラリアと言い間違い，側近からそのことを耳打ちされると「オーストリアにはカンガルーがいないことはよく知っている」と慌てて釈明したというが，こうなると国際問題に発展しかねない。

　この2つの国，国名はよく似ていても，その由来はまったく違う。**オーストリア（Austria）**は英語表記であって，本来の国名は**オステルライヒ（Österreich）**という。ドイツ語でオスト（Ost）は英語のeastにあたり「東」，ライヒ（reich）は「国」を意味する。

国名の由来【ヨーロッパ①】

ドイツ……………かつて、この地のゲルマン系の諸部族は外敵に対しては連合して戦い、自分たちの土地を「民衆の国」を意味するデイウチラント（diu tschlant），やがてドイッチェラント（deutschland）と呼ぶようになった。

デンマーク…………ユトランド半島以北にはゲルマン系のデーン人が住んでいたが、南方のドイツ人はデーン人との境界地域をデンマークと呼んだ。

フランス……………5世紀頃、西ヨーロッパではフランカと呼ぶ投げ槍を使う部族が勢力を強め、それを恐れたローマ人は彼らをフランク族と呼んだ。5～9世紀に現在のフランスを中心とするフランク王国が栄える。

イタリア……………古ラテン語で牛を意味するウィトゥルス（vitulus）に接尾語のia が付いてウィテリア（Vitelia）と呼ばれた。「多くの牛を放牧していた地方」という意味である。

バチカン……………ラテン語で「予言」を意味する vaticinori に由来し、この地がモンス・バチカヌス（Mons vaticanus）と呼ばれていた。「神託の丘」という意味である。

スイス………………スイス中部のシュヴィーツ州に由来。シュヴィーツ（Schwyz）は古ドイツ語で「酪農場」の意味。

ベルギー……………ローマ時代にこの地に住んでいたケルト系ベルガエ（Belgae）人に由来。ベルガエは「戦士」の意味とされるが、諸説あり。

オランダ……………オランダ人は自国をネーデルランデン（Nederlanden）と呼ぶ。Neder は「下の、低い」、landen は「土地、国」で「低地」という意味。

アイルランド………アイル（Eire）はケルト語で「西側」という意味。イギリス本土から見て、西側にあるため。

スペイン……………スペインは英語で、スペイン語ではエスパーニャ（España）である。ローマ時代に呼ばれていた「日が沈む国」という意味のヒスパニア（Hispania）が語源とされるが諸説あり。

ポルトガル…………この地がポルトカレ（現在のオポルト市）領だったことが由来。ポルトカレは「温暖な港」という意味で、古ラテン語で港を意味するポルトゥス（Portus），温暖を意味するカラ（cara → caleo）が語源。

8世紀にこの地方がフランク王国の領土になったとき，王国の東に位置したことからそのように呼ばれるようになった。

　一方の**オーストラリア（Australia）**という国名は，古代ギリシャの伝説上の大陸であるテラ・アウストラリス（Terra Australis）に由来する。terra は「大陸」，australis は「南」を意味するラテン語で，アウストラリスは，アフリカ大陸南部からインド洋南部に広がる現実には存在しない空想の大陸である。17世紀以降，オランダやイギリスの探検家によって南半球に新しい大陸の存在が確認され，19世紀にイギリスがこの大陸を植民地にすると，テラ・アウストラリスの名を受け継ぎ，ラテン語の語幹 Australi に地名接尾語の ia(p.18参照)を付けてオーストラリア(Australia)と命名した。つまり，オーストリア（Austria）はドイツ語が語源で「**東の国**」，オーストラリア（Australia）はラテン語が語源で「**南の国**」という意味なのだ。

🌐 そっくり国名，まだ他にも

アルジェリアとナイジェリア

　アルジェリアは Alger ＋ ia，この国の首都であるアルジェ（Alger）に ia を加え，「アルジェ市の国」という意味である。

　ナイジェリアは Niger ＋ ia で，"Niger" とはアフリカ西部の大河ニジェール川のこと，「ニジェール川流域の国」の意味。

パラグアイとウルグアイ

　グアイ（guay）は先住民の言葉で水や川の意味，つまり，パラ川，ウル川という意味だが，地図帳には，パラグアイ川，ウルグアイ川と記載されている。パラグアイは「大きな川」，ウルグアイは「蛇行する川」の意味で，どちらも川の名が国名に使われている。

国名の由来【ヨーロッパ②】

ポーランド……………平原を意味する古スラブ語のポリエ（polie）が語源で、「<u>平原の国</u>」の意味。この国の大部分は広大な東ヨーロッパ平原である。

ノルウェー……………「<u>北の航路</u>」の意味、英訳すると North Way だ。スカジナビア半島北岸は高緯度にもかかわらず凍結せず、重要な航路だった。

スウェーデン………紀元前からこの地に住んでいたスヴェア族に由来する。スヴェア（Svear）は「<u>同胞</u>」を意味し、中世ドイツ語シュベッデ（Schwede）、さらに英語のスウェーデン（Sweden）に転化した。

フィンランド………Fin + land でフィン人の国の意味、フィンは湖沼のことで、フィン人は「<u>湖沼の民</u>」を意味する。フィンランドには一説によると 18 万もの湖があるといわれる。

アイスランド………865 年、ノルウェーのバイキングが発見し、「氷の島」を意味するイスラント（Island）と命名した。現在もイスラントが正式国名でアイスランド（Iceland）は英語表記である。

ルーマニア…………Roman + ia で「<u>ローマ人の国</u>」の意味。ローマ帝国の植民地だった頃、この地に多くのローマ人が入植し、ロマニ（Romani）人と呼ばれた。

ブルガリア…………Bulgar + ia でブルガリ人の国の意味。ブルガリは <u>bul（混血）</u>が語源で、古代にこの地に侵入したフン族と先住のスラブ人が混血を重ね、スラブ化していった。

<u>ハンガリー</u>…………フン族（Hun）の男たち（gari）という意味。10 世紀に進出してきたアジア系のマジャール人を、ヨーロッパ人はフン族の再来と恐れた。

ロシア………………Russ + ia でルーシ族の国の意味。ルーシとはバルト海で活動したノルマン系のバイキングで、「<u>ボートをこぐ人</u>」を意味する。

ウクライナ…………古スラブ語で「<u>辺境地域</u>」の意味。キエフ公国（ロシア）から見た呼称。

ベラルーシ…………「<u>白いロシア</u>」の意味。白については諸説あり。13 世紀にモンゴルに支配された地域を黒ロシア、独立を保った地域を白ロシアと呼んだという説が興味深い。

7 アメリカ合衆国っていうけれど"合衆国"って何だろう？

「合衆国」といえばアメリカ合衆国のことと誰もが思うだろうが，メキシコも正式にはメキシコ合衆国，ブラジルも以前はブラジル合衆国だった。

🌐 アメリカ合衆国の由来

アメリカ合衆国の英語表記が **United States of America** であることは誰もが知っている。Unite は「結びつける」，State は「国」または「州」という意味だが，United States となると，それがどうして「合衆国」という日本語訳になるのだろうか。

かつて本多勝一氏は，アメリカは「州が連合した国」であるとして『アメリカ合州国』というタイトルの著書を執筆し，知識人と呼ばれる人たちの中にもこの合州国という表現を支持する人たちがいた。しかし，この呼び方はその後広まっていない。なぜならこの国は「合州」つまり州が連合しただけの国家ではないからだ。「合衆」という言葉には「多くの人々が集まり，協力し合う」という意味があり，合衆国とは「州が集まり，共同統治をする国」なのである。州が連合した国家という場合には United States ではなく「連邦」を意味する **Federal** を使う。Federal Government（連邦政府）や，FBI の名称で知られる Federal Bureau of Investigation（連邦捜査局）という場合である。

アメリカという国名の由来も興味深い。この国名は，1507 年，ドイツの地理学者ミュラーがイタリア人**アメリゴ・ヴェスプッチ**にちなんで命名した。アメリゴは，本来は探検家ではなく，フィレンツェのメディチ家に仕える商人である。1497 年，彼は新大

国名の由来【南北アメリカ】

カナダ……………カナダ（Canada）は「村」を意味する現地語。この地を探検していたフランス人がある村に到達し，「ここはどこか」と尋ねたところ，先住民が「カナダ（村）だ」と答えた。

キューバ……………「中心地」という意味の現地語クバナカン（Cubanacan）が語源といわれるが，諸説ある。

ジャマイカ…………石灰岩地質の島のいたるところに泉が湧出し，先住民は「泉の島」という意味でハイマカ（Xaymaca）と呼び，スペイン人がハマイカ（Jamaika）と表記した。"ja" はスペイン語では "ハ" と発音するが，英語では "ジャ" であり，この島がイギリス領になるとジャマイカ（Jamaica）と呼ばれるようになった。

ドミニカ……………ラテン語で「安息日」を意味するドミニカ（dominica）が語源。コロンブスがこの島に到達した11月3日は安息日だった。

エクアドル…………スペイン語で「赤道」を意味するエクアドル（ecuador）が由来。

コロンビア…………1819年，南米北部がスペインから独立すると，移民たちに敬愛されていた探検家コロンブス（Columbus）にちなんで命名。

ベネズエラ…………アメリゴ・ヴェスプッチが南米最大の湖であるマラカイボ湖畔の先住民の水上集落がイタリアの水の都ベネチアを連想させるところから，「小さなベニス」という意味でベネズエラ（Venezuela）と命名した。

ペルー………………「川」を意味する現地語ビル（biru）が転化。ある川のほとりで，スペイン人に地名を尋ねられた先住民が「ビル（川）だ」と答えた。Biru → Piru → Peru と転化した。諸説あり。

ボリビア……………南米では国民的英雄として崇められている19世紀初頭の革命家シモン・ボリバル（Simón Bolívar）の名に由来する。

ブラジル……………ポルトガル人が初めて上陸した一帯には真っ赤な樹木が生い茂っており，灼熱した炭火を意味するブラッサ（brasa）からブラジルと命名される。この木（ブラジルスオウ）は赤色染料に利用される。

アルゼンチン………ラテン語で銀を意味するアルゲントゥム（argentum）が語源で「銀の国」。この国の最大のラプラタ川はスペイン語で「銀の川」。

チリ…………………現地語の「寒気」を意味するチレ（chile）に由来する。インカ帝国中心部より高緯度に位置し，寒気が厳しいことからチリと呼ばれた。

陸へ向かうスペイン船団に初めて同行し，以後，3度の探検航海に参加。1501年には現在のアルゼンチン海岸を南緯50度付近まで南下し，そこが未知の新大陸であることを確信した。

　帰国後，招かれて人々にアマゾンの珍しい動物や植物，そこに住む奇習の種族など新大陸の話をすることがあったが，饒舌な彼の話はおもしろく，やがて，講演や手記の依頼が殺到するようになり，「新大陸といえば，アメリゴの…」といわれるまで彼の知名度は高まった。ミュラーも彼の著書を高く評価し，新大陸を総称する地名として「アメリカ」と呼ぶことを提唱したのである。

　ヨーロッパ人として最初に新大陸に到達したのは，もちろんコロンブスである。しかし，インドやジパングへの到達にこだわった彼が探査したのはカリブ海周辺だけで，そこが新大陸であるとは最後まで認識していなかった。また。アメリゴのような社交的な人柄ではなかったこともあり，コロンブスの業績は当時の人々にはあまり評価されていなかったようだ。

🌐 メキシコ合衆国の由来

　メキシコは1つの連邦直轄区（メキシコシティ）と31の州で構成されており，国名の英語表記は **United Mexican States** である。メキシコの州名は，アメリカの州名のように日本人にはあまり知られていないが，激辛調味料のタバスコや，犬の品種名であるチワワは，それらの原産地であるメキシコの州の名である。

　メキシコという国名は，スペインが植民地に建設した都市（現メキシコシティ）をアステカ族の軍神メヒクトリにちなんでメヒコ（Mexico）と命名したのが起源である。

国名の由来【アフリカ・オセアニア】

エジプト ………………「プター神の宿る地」を意味するギリシャ語のアイギュプトス（Aigyptos）が転化したラテン語のエギプトス（Aegyptos）が語源。しかし、これはヨーロッパからの呼称で、古代エジプト人は、自国をケメット（ナイル流域の黒い土地）と呼んでいた。

エチオピア ……………ギリシャ語のアイトスオプチア（Aitosopsia）が転化した。その意味はアイトス（Aitos）が「日に焼ける」、オプス（ops）が「人」で「日に焼けた人（黒人）の国」の意味。
　※ソマリア（Somali はヌビア語で「黒い」）、モーリタニア（mauros はギリシャ語で「黒い」）、スーダン（Suda はアラビア語で「黒い」）、ギニア（語源の Agunau はベルベル語で「黒い」）、アフリカには「黒人の国」という名の国がなんと 5 カ国もある。

タンザニア ……………1964 年、タンガニーカとザンジバルが合併し、タンガニーカのタン（Tan）とザンジバルのザン（Zan）、地名接尾語 ia を合成した国名。

コートジボアール ……フランス語で Côte d'Ivoire と表記し、「象牙海岸」の意味である。ここから多くの象牙が積み出されたことに由来する。

リベリア ………………ラテン語で自由を意味するリベル（liber）に ia が合成され、「自由の国」の意味。アメリカで解放された奴隷によって建国された。

カメルーン ……………この地を探検したポルトガル人が入り江に群棲するエビに驚き、「エビの川」を意味するリオ・ダス・カマローネ（Rio das Camarones）と命名し、これが訛ってカメルーン（Cameroon）となった。

ニュージーランド ……探検家タスマンが、母国オランダのゼーラント地方に似ているとニューゼーラント（Nieuw Zeeland）と命名した。ニュージーランド（New Zealand）はその英語表記である。

ミクロネシア …………ギリシア語で「極小」を意味するミクロ（mikro）と諸島地域を表すネシア（nesia）が合成された「小さな島々の国」。
　※ ポリネシア（Poly + nesia）は多くの島々の国。Poly の意味は多い。
　※ メラネシア（Mela + nesia）は黒い島々の国。Mera の意味は黒い。

8 シーランド公国？ そんな国どこにあるの？
―国家の定義とは―

> 自称シーランド公国の建国時の人口は4人，面積はサッカーコートの半分以下，しかし，憲法そして国旗や国歌を制定し，通貨や切手，パスポートも発行している。最近はサッカーの代表チームもできたらしい。

　自分たちの新しい国をつくる――そんなことは可能だろうか。無人島を占有し，独立を宣言してみたら……そんな夢みたいなことを試みた人たちがいる。

　ロイ・ベーツはイギリスの領海外にあった無人の海上要塞跡に移り住み，1967年にシーランド公国と称して独立を宣言した。もちろんイギリス政府は認めなかったが，裁判所は「公海上なので司法の管轄外」と裁定し，シーランド公国は現在も存続している。

　1972年には，陸地から遠く離れた南太平洋の岩礁を埋め立てて理想郷をつくろうと，ユダヤ系の財団がミネルバ共和国の独立を宣言した。ほどなく領有権を主張するトンガ軍により強制排除されたが，その後フィジーも領有権を主張し，まだ解決していない。

　一方，面積が0.44m^2，東京ディズニーランドよりも狭く，人口わずか800人ほどのバチカン市国は世界の174カ国と国交があり，日本にも大使館が設置されている歴(れっき)とした独立国だ。かと思えばグリーンランドは日本の約6倍の広さがあり，自治政府もあるが，現在はまだ独立国ではない。

　そこで気になるのは国家の定義である。自分たちで合法的に独立国をつくることは可能なのだろうか。なぜ，バチカンが国家として認められ，グリーンランドは国家ではないのだろうか。国際法を見てみよう。1933年にモンテビデオ（ウルグアイ）で締結

シーランド公国の全景と位置

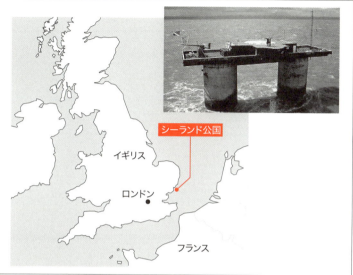

バチカン市国の広さ

同縮尺のディズニーリゾートと比較

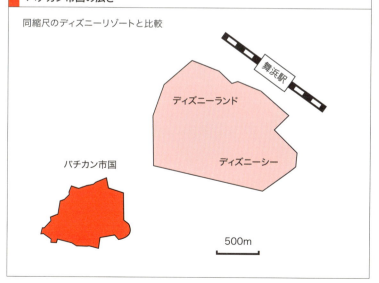

第1章 世界地図の気になる疑問

された「**国家の権利及び義務に関する条約**」の第1条には，主権国家の要件として次の4項目が規定されている。

a **永久的住民**——国籍を付与された永住的な住民がいること
b **明確な領域**——主権が及ぶ領土を持つこと
c **政府**——領域内を実効的に支配しうる政府が存在すること
d **他国と関係を取り結ぶ能力（外交能力）**——国際社会から国として承認されること

　自分たちで国をつくろうとすると，最大のネックとなるのはbの領土である。もはや地球上にはまだどこの国にも属していない土地（無主の地）はないだろう。公海を埋め立てて人工島をつくろうという計画もあったが，自然の陸地でない場合は国際法では領土として認められない。

　dも難しい。現在，民族紛争が続く地域では，一定の地域を実効支配して自治組織を確立し，国家を宣言している例があるが，国連など国際社会から認知されなければ主権国家とはいえない。中華民国（台湾）の場合も事実上は独立した国家だが，世界の主要国からは承認されず，国連やＩＯＣなど国際機関にも国家としての加盟が認められていない。

　2016年現在，日本が承認している国の数は195カ国，国連加盟国は193カ国（日本が未承認の北朝鮮を含む）。また，中華民国のように日本が承認しておらず，国連にも正式加盟していないが，世界の国々と外交関係を持つ国がパレスチナ（130カ国以上が承認）や西サハラ（40数カ国が承認）など約10カ国ある。その反面，ソマリアのように日本が承認していても実際には無政府状態の国もある。

バチカンだけではない！ 世界のミニ国家

モナコ　面積：2.02㎢　人口：約3.8万人
フランスとイタリアの境にある立憲君主制の国。バチカンの次に小さい。観光が主産業で、国営カジノがあり、F1グランプリが開催される。

サンマリノ　面積：61㎢　人口：約3.2万人
イタリア国内にある世界最古の共和国。元首は国会にあたる大評議会で選出され、切手とコインの収益が国家財政を支えている。

リヒテンシュタイン　面積：160㎢　人口：約3.7万人
スイスとオーストリアに囲まれたアルプスの小国。君主が政治的権能を持ち、「ヨーロッパ最後の絶対君主国家」といわれる。政治や経済はスイスと密接な関係にある。産業は時計、観光、切手など。

ナウル　面積：21㎢　人口：約1万人
南太平洋のほぼ赤道直下にある世界最小の共和国。かつてはリン鉱石の輸出によって高い生活水準を維持していたが、リン鉱石が枯渇し、採石場跡は荒廃、国内の耕地はゼロ、失業率90％と国家存亡の危機に直面している。

ツバル　面積：26㎢　人口：約9900人
南太平洋の日付変更線近くにある島国だが、海抜はもっとも高い場所でも5mしかない。バチカンに次いで人口が少なく、イギリス連邦に属している。

パラオ　面積：488㎢　人口：約2.1万人
日本の真南にあり、戦前は日本が委任統治し、独立後も日系のナカムラ氏が初代大統領となるなど、日本との結びつきが強い。

セントクリストファー・ネービス　面積：262㎢　人口：約5.4万人
カリブ海の東の小アンティル諸島に属する中南米最小の国で、西表島とほぼ同じ広さ。小アンティル諸島には、他にもアンティグア・バーブーダ、ドミニカ国（野球で知られるドミニカとは別）、セントビンセント及びグレナディーンなど日本人には耳慣れない名のミニ国家が多い。

9 黒海ってホントに黒いのだろうか？ 黄海・紅海・白海はどんな色？

それぞれ英語でも Black Sea, Yellow Sea, Red Sea, White Sea と表記する。黒，黄，赤，白，そんなカラフルな海など想像できないけれど…

<u>黒海</u>は，かつて，ペルシャ人が自国の南に位置する紺碧のペルシャ湾に対して，北側の海を「黒く暗い海」を意味する「アハシャエナ」と呼んだことがその語源とされている。この海が黒っぽく見える理由は，黒海が湖のような内海になっているため，潮流や対流がほとんどなく，海底が酸素不足になって硫化鉄が発生するからだとか，プランクトンや藻類が豊富だからだとか諸説あるが，はっきりしたことはわからない。

<u>黄海</u>は，この海に流入する黄河が大量に運ぶ黄土によって海が黄濁していることが，その語源とされる。黄土とは，ゴビ砂漠やタクラマカン砂漠の強風や砂塵によって形成された淡黄色をした細粒の風成土壌で，中国北西部に日本の 1.5 倍の広さ，厚さ数百 m の黄土高原が形成されている。黄河により黄土が不断に供給され続けている黄海は，平均水深が 40 m ほどしかなく，数千年後にはなくなってしまうかもしれない……

<u>紅海</u>は通常は青く澄んでいるが，時折，トリコデスミウムと呼ばれる藻類が大発生して海が赤褐色に変色することが，語源とされている。紅海は，奥行きが 2000km を超える細長い湾状の海のため，外洋との海水の出入りが少ない。また，両岸が砂漠地帯のため，流入する河川がなく，さらに海面からの蒸発量が大きい。そのため，塩分濃度が高いことが藻類の発生要因となっている。

白海は，ロシア語で「白い海」を意味するБелое мореに由来する。この海が，冬に凍結するので白い海なのだとつい思ってしまうが，残念ながらそのような根拠はなく，真相は不明だ。なお，地中海もトルコやブルガリアでは黒海に対し，現地語で白海と呼ぶ。

　色彩名がつく海として**青海**もある。チンハイと発音し，海ではなく琵琶湖の8.5倍の広さを持つ中国最大の湖だ。

　あとは，余談だが，Brown Sea（茶海）はボーイスカウト発祥の地として知られるイギリスの島の名，緑海は千葉県内の地名，まだまだあるだろうが，気になる人はお調べ願いたい。

黒海，黄海，紅海，白海，青海の位置

10 北極を通ればヨーロッパが近い！ ついに実現！北極海航路

国連旗などで使われている北極が中央に描かれた正距方位図法の地図で世界を眺めると，北極海がヨーロッパへの近道になっていることに気づく。それならそこを通ってヨーロッパへ行けばいいじゃないか。そんな当然でもあり，意外にも思える北極海航路が俄然注目され始めた。

🌐 構想500年，北極海航路がついに実現

　北極海航路の開拓の歴史は意外と古い。16～17世紀頃，インド洋やメキシコを経由したアジアへの貿易ルートはポルトガルとスペインが支配していたため，後発のイギリスやオランダは，北極海を通ってヨーロッパからアジアへ北回りで向かうルートを拓こうと探検航海を繰り返した。しかし，いくつかの島々は発見したものの，アジアへたどり着くことはできなかった。

　北極海が船舶の航行を困難にしているのは，いうまでもなく海面を覆い尽くす海氷の存在である。北極海は冬にはほぼ全域が海氷に閉ざされ，夏でもかなりの海域で海氷が融けない。しかし，近年は**地球温暖化**が進行し，北極海の海氷面積が年々縮小しつつあり，船舶が航行しやすくなってきた。地球環境の変化によって，長く不可能とされていた北極海航路が現実味を帯びてきたというのは何とも皮肉な結果である。もちろん，航海技術や砕氷船の発達など科学技術の進展が北極海航路実現の最大の要因であることはいうまでもない。

🌐 北極海航路のメリットは何か

　日本からヨーロッパへ向かう場合，横浜―ロッテルダム間を例に見ると，インド洋からスエズ運河を経由する従来の南回り航路は約2万1000km，40日ほどかかるが，北回りの北極海航路な

北極海航路

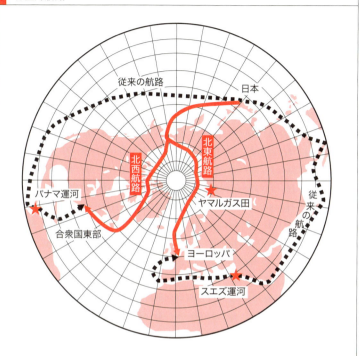

日本から，ニューヨークなどアメリカの東岸部へ行く場合にも，パナマ運河経由の従来の航路なら2万3000kmだが，北極海を経由すると1万6000kmとかなり短縮できる。
ヨーロッパへは北極海のロシア側，アメリカへはカナダ側を通るが，それぞれ北東航路，北西航路と呼ぶ。

ら約1万2000km, 約30日である。航行日数を10日間短縮することができ, それにともなって燃料費や人件費などの運航コストも3～4割の削減が可能となり, 経済的メリットは大きい。

また, 南回り航路のルートを航行する場合は, マラッカ海峡や紅海など海賊の多発海域を通らねばならず, さらにエジプトやシリアなどの中東情勢が緊迫するとスエズ運河が閉鎖されることも懸念される。北極海航路にはそのようなリスクがないのもメリットだ。

🌐 北極海航路の今後の課題

軍事や科学調査を除き, 一般の船舶が北極海を航行することは数年前まではほぼ皆無であった。しかし, 北極海航路の商業利用は, 2010年に4件, 翌11年は34件, 12年は46件, そして13年には230件と近年は飛躍的に増加している。もちろん北極海航路にはデメリットや課題もある。

最大のデメリットは, 氷が融ける時期しか船が運航できないため, 航路として利用できるのは1年のうち4～6カ月しかなく, それもその年の気象状況に左右されることだ。砕氷機能を充実させるなど, 氷の海に対応した船舶の開発が必要とされる。

関係諸国との協力関係も不可欠である。とくに, ロシア沿岸を通る北東航路は, ロシア政府の認可が必要で, その際も民間の商船が単独で航行することは認められていない。ロシア側と契約し, 手数料を支払ってロシアの砕氷船を同行させ, ロシア人のクルーを乗船させることが義務づけられている。ロシアとの情報交換や相互理解が重要である。

さらに今後の課題だが, 北極海航路は厳寒の北極圏を通るため,

ルートの沿岸地域は人口が希薄で見るべき産業もなく、港湾設備が不十分であり、中継基地の整備が必要である。

日本やヨーロッパ諸国だけではなく、韓国や中国も今この新しい交通路に注目し始めている。韓国政府はプサンを北極海航路の拠点港にする計画を進めているが、もっとも注目されているのは北海道の**苫小牧**だ。苫小牧ならプサンより1000km以上も航路が短く、航行日数も2日ほど短縮できる。

商船三井はロシアのヤマル半島のガス田から、LNG（液化天然ガス）を、北極海を経由して輸送する世界初の北極海の定期航路を2018年に開設することを発表した。ヤマル半島には世界の22％の天然ガスが埋蔵していると試算されており、日本のエネルギー政策にとっても北極海航路の意義は大きい。

■縮小する北極海の海氷 〈©JAXA〉

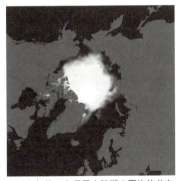

1980年代の9月最小時期の平均的分布

2012年9月16日（観測史上最小分布）

カスピ海は湖？ それとも海？ 呼称にこだわる沿岸諸国の思惑

どの出版社の地図帳でも統計資料欄を見ると，世界の湖沼の項目の第1位に記載されているのはカスピ海だ。しかし，カスピ海が湖ならなぜカスピ湖と呼ばないのだろうか。カスピ海ってホントに湖？ それとも海？

　カスピ海は，ロシア，アゼルバイジャン，トルクメニスタン，カザフスタン，イランの5カ国に囲まれた世界最大の湖である。面積37.4万 km^2 は世界第2位のスペリオル湖の約4.5倍，琵琶湖のなんと558倍，日本の総面積とほぼ同じ広さだ。さらに貯水量7.8億 km^3 は世界のすべての湖水の40%以上を占めている。

　カスピ海が海と呼ばれているのは，流れ出す河川が存在しないこと，湖水が淡水ではなく塩水であることなど，海の特徴が顕著だからだ。しかし，周囲を陸地に囲まれ，外洋と接続していないためカスピ海は湖として分類されている。海と湖の違いについて国際的な定義はない。

　カスピ海が海であれ，湖であれ，どちらでもいいじゃないかと思われるかもしれないが，この呼称の問題，実は沿岸5カ国にとってそんな単純なものではない。カスピ海が湖なのか海なのか，その定義がカスピ海の資源開発に複雑に絡んでいるのだ。2013年末現在，カスピ海水域には，石油が世界の可採埋蔵量のうち16.5%，天然ガスが46.4%存在することが確認されており，この地域は「第二の中東」とまで呼ばれている。しかし，それらの採掘権が沿岸のどの国にあるのかが，カスピ海を海と定義した場合と湖と定義した場合では違ってくるのだ。

　カスピ海を海とみなすと，「国際海洋法条約」が適用され，各

カスピ海の位置とその周辺の国々

世界のおもな湖沼

大陸	湖沼名	面積 km²	最大水深 m	備考
アジア	カスピ海 バイカル湖 アラル海	374,000 31,500 16,600	1025 1741 9	世界最大 世界最深 塩湖
アフリカ	ヴィクトリア湖 タンガニーカ湖	68,800 32,000	84 1471	
北アメリカ	スペリオル湖 ヒューロン湖 ミシガン湖	82,367 59,570 58,016	406 228 281	五大湖 五大湖 五大湖
南アメリカ	マラカイボ湖 チチカカ湖	13,010 8,372	60 281	塩湖 世界最高所

国は**排他的経済水域**を主張することができ，水域内の資源については沿岸国に権利が生じる。しかし，カスピ海が湖ということになれば，国際法では資源は沿岸国の共同管理ということになる。

　カスピ海の中でも石油や天然ガスの埋蔵量が豊富な水域はアゼルバイジャン・トルクメニスタン・カザフスタンの沖合に偏っており，これら3カ国は「カスピ海は海である」と主張し，沖合は自国の領海であると宣言している。しかし，海岸線が短く，沿岸部に有望な油田がないイランは「カスピ海は湖である」と主張し，資源の共同開発を主張している。ロシアは沿岸に油田がなかったため，最初は湖を主張していたが，のちに自国の沖合にも油田が発見されたことや，欧米と対立を深めているウクライナ問題などで旧ソ連のカスピ海沿岸諸国の支持を得たいという思惑から，カスピ海問題ではアゼルバイジャン・トルクメニスタン・カザフスタンとの対立を避けようと3国の主張に歩み寄っている。

　5カ国はこの問題を解決するために，2002年以来，「カスピ海サミット」と呼ばれる話し合いをたびたび行ってきたが，議論はいつも平行線をたどってきた。しかし，2014年の第4回サミットで，5カ国は沿岸15カイリ内を国家主権が及ぶ範囲，その外側の25カイリまでを排他的漁業権を持つ水域，残る中央部分の水域は引き続き共同管理とすることで合意し，カスピ海に初めて実質的な境界線が引かれることになった。ただ，この取り決めは海上と海中に関する主権や漁業権に限定されており，肝心の海底資源すなわち石油や天然ガスの開発の権利については各国の利害が対立したままであり，結論は先送りとなった。

カスピ海の境界線

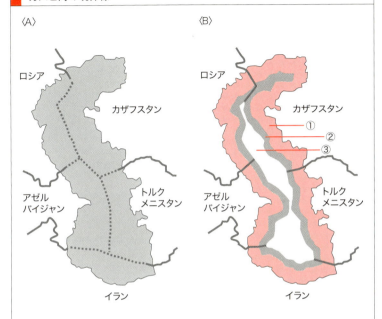

〈A〉カスピ海を海と定義した場合の境界線

カザフスタン,アゼルバイジャン,トルクメニスタンの3カ国が主張している。水域が狭くなり,石油資源がないためにイランはこれに反対し,資源を共同管理する湖と定義することを主張している。

〈B〉2014年のカスピ海サミットで各国が合意した境界線

①沿岸国の主権が及ぶ水域
②沿岸国が漁業権を持つ水域
③共同管理する水域

　石油や天然ガスの採掘権問題は棚上げされ,未解決のままである。

世界の地形　ここがナンバーワン

①世界一高い山　**エベレスト**……………………………………………………8848m
②世界一高い活火山　**オホス・デル・サラード**……………………………6893m
③島の中にある世界一高い山　**ジャヤ峰**……………………………………5030m
④世界一高い海底火山　**マウナケア**……………………4205m（海底から10,203m）
⑤世界一長い川　**ナイル川**………………………………………総延長約6695km
⑥世界一流域面積が広い川　**アマゾン川**……………………………………705万km²
⑦世界一幅が広い川　**ラプラタ川**……………………………河口部の川幅が270km
⑧世界一落差のある滝　**アンヘル（エンジェル）の滝**………………………979m
⑨世界一流量が多い滝　**イグアスの滝**………………………… 1秒間に1756m³
⑩世界一大きい島　**グリーンランド**………………………………約217.58万km²
⑪世界一大きい無人島　**デヴォン島**……………………………………約5.5万km²
⑫世界最北端の島　**カフェクルベン島**…………………………北緯N83度40分
⑬世界一大きい湖　**カスピ海**………………………………………………37.4万km²
⑭世界一大きい淡水湖　**スペリオル湖**……………………………………8.2万km²
⑮世界一深い湖　**バイカル湖**……………………………………………水深1741m
⑯世界一大きいカルデラ湖　**トバ湖**……………………………………1260km²
⑰世界一低い地点　**死海周辺**………………………………………マイナス423m
⑱世界一深い海　**マリアナ海溝**…………………………………水深10,920m
⑲世界最大の珊瑚礁　**グレート・バリア・リーフ**……………………34.4万km²
⑳世界最大のフィヨルド　**ソグネ・フィヨルド**……………………全長204km

第2章

違いが
気になる疑問

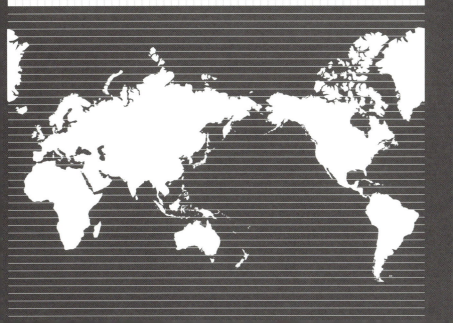

1 熱帯・乾燥帯・温帯・冷帯・寒帯 世界を5つの気候帯に分けたのはなぜ？

エッ！ 冷帯が寒帯より寒いの？ どちらも乾季と雨季があるけどサバナとステップの違いって何なの？ 地理の中でも受験生が悩まされる分野だが，世界の気候区分はその指標さえ知れば決して難しくはない。

🌐 ケッペンの気候区分とは

アスワンハイダムで知られるエジプトのアスワンとヒマラヤ山脈の麓にあるインドのマウシンラムは，北回帰線付近のほぼ同緯度に位置するが，アスワンの年間の平均降水量はたった0.5mm，一方のマウシンラムはその約2万4000倍の11,872mm，1985年の降水量は26,000mmに達したとされる。世界の気候は実に多様である。

気候は自然現象であり，人間がまだ解明していないことが多い。しかし，気候区分は人間が決めたもので，5つの気候帯は実は単純な基準で分けられている。

世界を**熱帯・乾燥帯・温帯・冷帯・寒帯**の5つの気候帯に区分したのは，ドイツの気象学者であり植物学者でもある**ウラジミール・ケッペン**である。ケッペン以外にも，多くの気象学者が様々な気候区分を提唱しているが，それらは緯度・気温・降水量・蒸発量・大気循環・気団など気候の成因だけをもとに分類を試みたものがほとんどで，ケッペンの気候区分は人間生活と関わりの深い植生に着目したことが特徴である。

🌐 気候区分の指標

植物の生育は，気温と降水量に密接な関連があり，彼はまず平均気温に18℃，10℃，0℃，-3℃という4つの指標を設定し，こ

世界の気候帯の分布

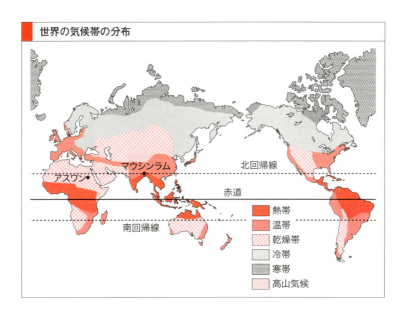

気候帯と気候区の区分

気候帯		基準	気候区	備考
樹林あり	熱帯	最暖月18℃以上	熱帯雨林気候	年中多雨
			サバナ気候	乾季と雨季
	温帯	最暖月18℃未満 最寒月-3℃以上	地中海性気候	夏乾燥
			西岸海洋性気候	年中湿潤，偏西風の影響
			温暖湿潤気候	年中湿潤，季節風の影響
	冷帯	最暖月10℃以上・最寒月-3℃未満		
無樹林	寒帯	最暖月10℃未満	ツンドラ気候	地衣類が生育
			氷雪気候	最暖月0℃未満
	乾燥帯	最暖月10℃以上 降水量500mm未満	ステップ気候	短い雨季
			砂漠気候	降水量250mm未満，草原
高山気候		概ね標高2000m以上だが緯度による差があり，明解な基準はない		

れを基準に熱帯・温帯・冷帯・寒帯を定義した。

18℃はヤシが生育する条件である。月の平均気温が一年中18℃を上回る地域でなければヤシは育たない。

10℃は樹木が生育する条件である。最暖月の平均気温が10℃を超えることがない低温の場所では樹木は生育しない。

0℃は地表に植物が生育する条件である。0℃以上では地衣類が生育するが、0℃以下では地表の氷雪が融けず、地衣類も育たない。月平均気温が**−3℃**以上あれば積雪があっても根雪にならないが、−3℃以下では根雪になり、農牧業ができなくなる。

降水量は年間500mmを指標として設定した。**500mm**は樹木が生育するための最低降水量であり、無樹林となる500mm未満の地域を乾燥帯として定義した。

ケッペンは、これに1年を通じて湿潤か、乾季と雨季に分かれるかなどの降水量の指標を加え、5つの気候帯をさらに29の**気候区**に細分化した。このケッペンの区分方法は、農牧業の立地に関連し、また自然景観にも対応していたので、広く世界に普及した。

その後、アメリカの気象学者トレワーサが、**高山気候**を加えるなどケッペンの気候区分は修正され、現在、日本の教科書では前ページの表のような区分が採用されている。

気象世界一のあれこれ

〈資料：WMO（世界気象機関）等〉

- 【最高気温】 **56.7℃** デスバレー（アメリカ）1913 年 ……①
  ※従来は，バスラ（イラク）の 58.8℃が世界一とされていたが，記録の出所が疑問とされ，WMO はデスバレーの記録を公式世界一としている。
- 【最低気温】 **-89.2℃** ヴォストーク基地（南極）1983 年 ……②
  ※衛星観測ではドーム・アーガスで－93.2℃を記録（p.54 参照）
- 【1日最大降水量】 **1870mm** レユニオン島（インド洋）1952 年 ……③
- 【年間最大降水量】 **26,461mm** チェラプンジ（インド）1860〜61 年 ……④
- 【年平均最大降水量】 **11,872mm** マウシンラム（インド）1970〜2009 年 ⑤
- 【年間最少降水量】 **0.5mm** アスワン（エジプト）1951〜78 年 ……⑥
  ※ギネスは，1972 年から 37 年間でたった 6 回しか雨が降らなかったキリャグア（チリ）を世界一雨が降らない場所として認定 ……⑦
- 【最大瞬間風速】 **113.2 m/秒** バロー島（オーストラリア）1996 年 ……⑧
  ※竜巻による最大瞬間風速は 1999 年にブリッジクリーク（アメリカ）で観測された 142m/秒 ……⑨
- 【最深積雪量】 **11.83 m** 伊吹山（日本）1927 年 ……⑩
- 【年間最大降雪量】 **31.1 m** レーニア山（アメリカ）1971〜72 年 ……⑪
- 【最高気圧】 **1,083.8hPa** アガタ（ロシア）1968 年 ……⑫
- 【最低気圧】 **870hPa** 沖ノ鳥島沖（太平洋）1979 年 ……⑬
- 【最低気圧（陸上）】 **912hPa** 室戸岬（日本）1934 年 ……⑭

第❷章 違いが気になる疑問

2 南極 vs 北極 広いのはどっち？ 寒いのはどっち？

地球儀で見ると，てっぺんが北極，底部が南極である。どちらもほとんど人が居住しない厳寒不毛の地だが，比べてみると様々な違いが見られる。

🌐 南極と北極，広いのはどっち？

南緯 66.6 度以南を**南極圏**，北緯 66.6 度以北を**北極圏**，総称して極地と呼ぶ。しかし，この 66.6 度という数値の根拠は白夜の北限と南限，つまり単純に地軸の傾きにすぎず，地理的事由に基づくものではない。ノルウェーやフィンランドの北部は北極圏内だが，この地域を北極と呼ぶことはなく，南極大陸の場合も南極半島の先端部などの一部地域は南極圏外だが，ここは地理的にも国際的にも明らかに南極である。一般に北極や南極と呼ぶ場合は緯度だけではなく，地勢や植生，気象など様々な要素を含めており，その範囲を明確に線引きすることは困難だ。

南極は狭義には**南極大陸**を指すが，一般には棚氷が広がる周囲の海域も含めて南極と呼んでいる。南極大陸はオーストラリアのタスマニア島から約 3500km，アフリカ大陸からは約 4000km，もっとも近い南アメリカ南端のフェゴ島からでも 1000km 以上離れた孤立した大陸で，人類がその存在を確認し，初めて上陸したのは 19 世紀初頭，ほんの 200 年ほど前のことだ。しかし，その面積は日本の約 37 倍の 1383 万 km^2，これはオーストラリア大陸の 1.8 倍，ヨーロッパ州の 1.4 倍に相当する。

北極の場合は，**北極海**とその海域の島々や大陸沿岸の氷雪・ツンドラ地帯を指してそう呼ぶ場合が多い。ただ，北極海は太平洋

南極と北極の範囲

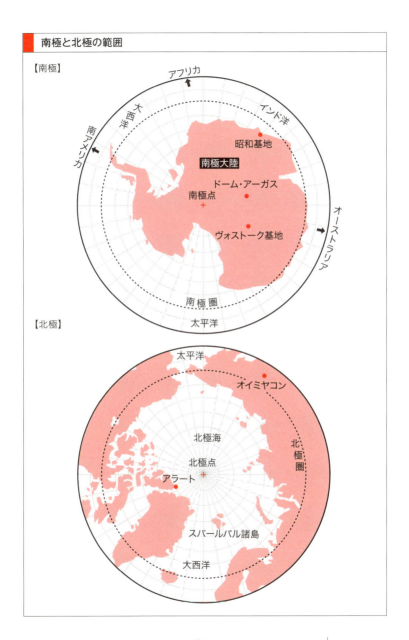

とはベーリング海峡で区分できるが，大西洋とのあいだに明瞭な境界を設定することができない。概ね北極圏内がその海域だが，大西洋から暖流が流れ込むスカンディナビア半島沖からスバールバル諸島付近までのノルウェー海は含まないとされている。北極海の面積は約 1400 万 km^2，北極海と南極大陸の面積はほぼ同じである。

🌐 南極と北極，寒いのはどっち？

　米航空宇宙局（NASA）は，2010 年に南極大陸東部の標高約 4000 m のドーム・アーガスで –93.2℃を観測したと発表した。これは地球観測衛星ランドサットの収集データの分析によるものだが，地球上の観測史上最低気温である。地上基地で観測された気温では，ドーム・アーガスより少し東に位置するロシアのヴォストーク基地で 1983 年に –89.2℃という気温が記録されている。ヴォストーク基地はもっとも気温が上昇する 12～1 月でも平均気温は –30℃を超えることはなく，1 年のうち 6 カ月は最低気温が –80℃に達するという想像を絶する極寒の地である。

　では北極の気温はどれくらいだろうか。ヴォストーク基地より高緯度の北緯 82.5 度に位置する世界最北の常時気象観測地点であるカナダ領エルズミーア島のアラートは，年平均気温が –17.7℃，冬季の平均最低気温が –50.0℃というこちらも途轍もない寒さだが，それでも南極大陸のヴォストーク基地と比べると 30℃以上も暖かい。

　同じ極地でありながら，このような差が生じるのは南極が大陸であり，北極が海だからである。南極は厚い氷に覆われた平均標高が 2290 m という高原状の大陸である。標高が上昇すると気温

南極と北極の気象の比較

〈資料：気象庁，Wikipedia 等〉

ヴォストーク基地（南極），アラート（北極），オイミヤコン（ロシア）の月別平均気温

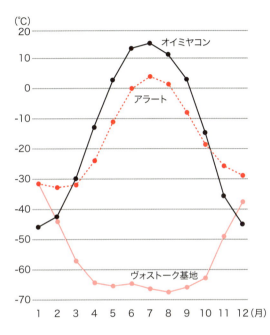

	ヴォストーク	アラート	オイミヤコン
緯度	南緯 78.5 度	北緯 82.5 度	北緯 63 度
年平均気温	-56.8℃	-17.7℃	-15.5℃
過去の最高気温	-12.2℃	20.0℃	34.6℃
最暖月平均気温	-32.1℃	3.4℃	14.5℃
最寒月平均気温	-68.0℃	-33.2℃	-46.3℃
過去の最低気温	-89.2℃	-64.7℃	-71.2℃
年間降水量	21mm	185mm	212mm

が下がることは知られているが，南極大陸の内陸部は海岸部より20〜40℃も平均気温が低い。また，南極の真っ白い氷雪原は入ってきた太陽放射の多くを反射してしまい，地表面に熱が蓄えられないことも南極が極寒になる原因である。

　それに対して北極海には膨大な量の海水がある。海は陸に比べて熱容量が大きいため，暖まりにくく冷えにくい。北極も外気温が–30℃に達することはあるが，海水温は海氷が発達する冬季でも–2℃ほどである。北極が南極ほど極寒にならないのは温度変化が小さく，外気温と比べるとはるかに高温の海水が存在することが最大の理由である。

　北半球のこれまでの最低気温は北極圏外のシベリア内陸部のオイミヤコンで観測された **–71.2℃** である。オイミヤコンは，夏には気温が30℃を超えることもあり，気候区分では寒帯ではなく冷帯に属するが，内陸部の永久凍土地帯にあるため，冬は北極海沿岸地域よりもかなり気温が低くなる。

　また，極地の降水量が砂漠並みの少なさであることは意外と知られていない。海に面したアラートでも年間降水量は185mmほどでサウジアラビアとほぼ同じ，ヴォストーク基地はわずか21mmにすぎず，南極大陸は**白い砂漠**と呼ばれている。

南極と北極の比較

南 極		北 極
南緯70度以南の約85%が陸地 南極大陸 1383万 km²	陸地	北緯70度以北の約20%が陸地 グリーンランド 218万 km² バフィン島 51万 km² など
大陸全域を氷床が覆う 平均の氷厚 1880 m	氷床	グリーンランドの80%を氷床が覆う 平均の氷厚 1515 m
南極大陸周辺に南極海 太平洋・大西洋・インド洋との境界はなく，その範囲には明確な定義はない	海洋	アメリカ大陸とユーラシア大陸のあいだに北極海 約1400万 km² 冬は全域，夏でも約50%が海氷に覆われる 海氷面積は年々減少の傾向
大陸のほぼ全域が氷雪気候	気候	グリーンランド内陸は氷雪気候 他の島嶼部や大陸の沿岸部はツンドラ気候
樹木はなし 80度付近まで地衣類	植生	樹木はなし シダ植物や顕花植物が広く分布
最大の生物はペンギン ほ乳類や爬虫類は生息しない 節足動物が約130種	生物 (陸上)	ほ乳類が多数 海鳥類も豊富
南極条約により領有権は凍結 国際共同観測 軍事利用の禁止	領有	ロシア・カナダ・アメリカなどの周辺諸国が領有
定住人口はゼロ 観測関係者が冬季に約1000人	人口	北極圏内に約200万人

3 黒色人種・白色人種・黄色人種の違い 人種って何だろう？

人種というと我々は肌の色をもとに白人（白色人種），黒人（黒色人種），黄色人種という区分を思い浮かべるが，最近ではヨーロッパ人，アフリカ人，アジア人という地理的な呼び方も使われる。そもそも人種って何だろうか？

🌐 人種って何だろう？

『大辞林』（三省堂）は人種という言葉を次のように解説している。
「地球上の人類を，骨格・皮膚の色・毛髪の形など身体形質の特徴によって区別した種類。普通，**白色人種・黒色人種・黄色人種**に三大別するが，分類不能な集団も多い」

ヒトを生物学的概念によって区分したのが人種であり，文化的概念によって区分したのが民族であるという考え方は，長く人類学や民族学の基本とされ，おそらく学校でもみなさんはそのように教わったのではないかと思う。しかし，近年このような考え方は科学的にはあまり意味をなさないとされている。

黒人，白人，黄色人種という分類は，19世紀にヨーロッパの人類学者が提唱し，その後広く定着した。**ネグロイド，コーカソイド，モンゴロイド**という分類もあるが，これも黒人，白人，黄色人種という肌の色に基づく区分の別称にすぎない。ネグロイドのネグロは黒を意味するラテン語が語源だし，コーカソイドという名称はノアの箱舟伝説に由来し，白人こそ選良の民という思想が背景にある。

近年の研究では，ヒトの遺伝子は3〜4万個あると推定されている。しかし，肌の色に関する遺伝子はそのほんの一部にすぎ

ず，その違いは，生物学上はほとんど無視してもよい差異であり，生物学では，黒人であれ白人であれ，現生人類はすべて**ほ乳類サル目（霊長類）ヒト科ヒト属**である。

肌の色，瞳の色，毛髪などが地域によって違うのは環境に適応した結果と考えられており，それらを分析するのは，人類学や考古学，遺伝子工学などの特定分野では確かに有効である。しかし，アフリカから世界中に人類が拡散し，数千世代にわたる歴史を経て，個人個人が多彩なバリエーションの遺伝子を持つ現代に，肌の色という外見の特徴だけで，いくつかの集団に分類する人種という概念は，まったく非現実的・非科学的といわざるをえない。

近年のアメリカでは人種という言葉は教科書から消え，その代わりに多様性という言葉が登場している。

🌐 ヨーロッパ人の肌はなぜ白いのか？

世界の人々の祖先は遡るとすべてアフリカにたどり着く。これを「**アフリカ単一起源説**」という。約20万年前にアフリカに誕生したホモ・サピエンスが，数万年をかけて世界中に拡散したのが現代人だという説である。「中国人は北京原人から進化した」というような「多地域進化説」もかつては主張されたが，遺伝子研究が進み，世界のすべての人類がアフリカに誕生したホモ・サピエンスと共通する遺伝子を持っていることが解明され，現在ではアフリカ単一起源説が支持されている。

ホモ・サピエンスはアフリカからいつどのように世界中に拡散したのか，時期やルートについては諸説あるが，北へ移動したホモ・サピエンスが白人すなわちヨーロッパ人に，東へ移動したホモ・サピエンスが黄色人種すなわちアジア人になり，さらに海を

渡ってアメリカやオーストラリアの先住民やポリネシア人になったといわれる。

　アフリカ人は肌が黒く，ヨーロッパ人は肌が白いが，ヨーロッパ人の先祖もアフリカを出たとき肌は黒かった。肌の色が黒くなるのはメラニン色素が関係していることは知られているが，メラニン色素には紫外線から体を守る働きがあり，アフリカ人の肌が黒いのはそのためである。

　ただ，紫外線は皮膚がビタミンDを生成するためにある程度は必要である。しかし，高緯度のヨーロッパでは太陽高度が低くなり，紫外線量が少なくなるため，肌が黒いと必要量の紫外線を取り込めない。高緯度地方では黒い肌よりが白い肌が適合しているのである。ホワイトタイガーや白蛇がニュースになることがあるが，ヒトも一定の確率で突然変異によって白い肌が出現することがあり，結果として環境に適合した白い肌の人の子孫がヨーロッパで生き残り，黒い肌が淘汰されたわけである。ヨーロッパ人の瞳の色が青や緑など淡い色をしているのも眼の虹彩の中のメラニン色素が少ないためだ。サングラスをかけるヨーロッパ人をよく見かけるが，彼らの目は強い光に弱いのである。

　また，アフリカ人の髪は細く縮れ，本数が多く，これは多くの水分を含み体温を下げる効果があるといわれる。日本人の中に胴長短足の体型にコンプレックスを持つ人がいるが，これは弥生時代に朝鮮半島から多く流入した北方系アジア人の遺伝子である。アフリカを出て東へ進出したアジア人の一部はさらに北へ移動した。彼らが住むようになった北アジアは厳寒の地であり，その厳しい環境で生きるために，胴長短足の体型は体の熱の発散を防ぎ，

多地域進化説の概念図

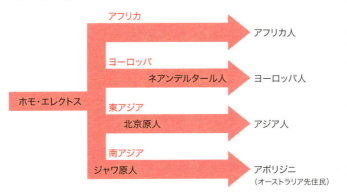

人類は原人（ホモ・エレクトス）の段階でアフリカから各地に拡散し，それぞれの地域で独自に進化したという考え方。

アフリカ単一起源説の概念図

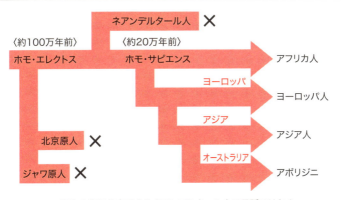

現生人類は北京原人やネアンデルタール人の子孫ではなく，約20万年前にアフリカに出現したホモ・サピエンスが6〜10万年前にアフリカを出て，世界各地に拡散し，アフリカ人，ヨーロッパ人，アジア人になったという考え方。

顔は防寒のため皮下脂肪が厚くなり，目が細く一重まぶたになった。

つまり，ヨーロッパ人の白い肌や青い瞳は高緯度地域対応，アフリカ人の黒い肌や縮れ毛は熱帯対応，北方系アジア人の胴長短足と一重まぶたは寒冷地対応なのである。ちなみに一重まぶたは日本人やモンゴル人など東アジアの人々にだけ見られ，劣性遺伝のため，ヨーロッパ人やアフリカ人には見られない。

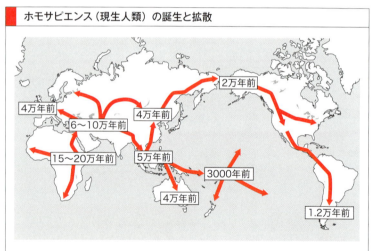

ホモサピエンス（現生人類）の誕生と拡散

15〜20万年前にアフリカ大陸に誕生したホモ・サピエンスの一部は，6〜10万年ほど前にアフリカを出て，4〜5万年前にはユーラシア大陸，オーストラリア大陸のかなりの範囲まで拡散する。2万年前には陸続きであった北アメリカに渡り，その後，数千年で南アメリカ南端に達する。さらに，航海技術を身につけると，ニュージーランドやポリネシアにも進出する。なお，年代や移動経路は諸説ある。

「人種のるつぼ」と「人種のサラダボウル」

「人種のるつぼ」という言葉は，多様な人種や民族が混在するアメリカ社会に対して，19世紀のイギリスの戯曲作家イズレイル・ザングウィルが唱えた『メルティング・ポット論』に由来する。メルティング・ポットとはるつぼのことで，金属やガラスなどを入れて，高温で溶かす容器である。るつぼで数種類の金属を溶かすと，中でそれらは混じり合って均一になるように，多民族国家のアメリカでは，多種多様な文化が互いに混じり合って同化し，アメリカ独特の共通文化を形成しているという意味である。

しかし，近年はこの「人種のるつぼ」という言葉はあまり使われない。代わってよく使われるのは「人種のサラダボウル」という言葉だ。サラダボウルの中では，トマトやレタスなど様々な食材が混ぜられてサラダが作られるが，その場合，食材は混じり合っても，溶け合ってはおらず，トマトやレタスはそれぞれの素材の風味を失ってはいない。つまり，多種多様な民族や文化を1つに融合させるのではなく，混在する中でそれぞれのアイデンティティを並立共存させることが現在では強調されている。

「人種のパッチワーク」や「人種のモザイク」という言葉もある。サラダは溶け合ってはいなくても，混じり合った野菜が同じお皿に盛られるが，異なる野菜なら無理に1つの皿に盛らず，それぞれの皿に盛ればよい。異文化との協調をことさら強制すべきではなく，多様性を尊重すべきという考え方である。

なお，日本ではまだ人種という言葉が一般に使われるが，本文で触れたように，国際的には人種という分類自体が非科学的とされており，人種のサラダボウルではなく民族のサラダボウルと表現するべきだという主張もある。しかし，まだ少数だ。

4 ゲルマン民族・ラテン民族・スラブ民族の違い 民族って何だろう？

日本国民（日本国籍を持つ人）のうち，98.5％は日本民族であり，日本国民のほぼ100％は日本語を話す。国民・民族・言語がほぼ一致しており，日本で暮らす人々はそれを当たり前のように受け止めている。しかし，世界の多くの国ではこの当たり前はあてはまらない。

🌐 民族とは

民族とは言語・宗教・生活習慣などの文化を共有する集団をいう。多くの辞書や教科書では概ねこのように解説されているが，民族は歴史や政治など状況の中で離合集散を繰り返して形成された複雑多岐な存在で，永続的・固定的なものではなく，人種以上に定義が厄介である。民族に類似する語句として，種族，部族，語族，国民などがあり，英語にも，people, ethnic, ethnicity, group, nationなど民族に相当する語句がいくつかある。それぞれの意味合いや用法は微妙に異なるが，その違いは明確ではなく，ニュアンスが重なる部分が多い。平凡社大百科事典には，「民族とは何かという問いに対しては，きわめて多くの答えが存在しており，統一的な見解を引き出すことが困難である」という説明がまず最初にあるくらいだ。

ヨーロッパの民族を例に見てみよう。ヨーロッパの民族には，インド・ヨーロッパ語族に属するゲルマン系，ラテン系，スラブ系の3つのおもな系統がある。これら3民族は，その特色を居住地域，言語，宗教（キリスト教の3大宗派）などの違いから次のように要約されることが多い。

・ゲルマン民族（北西ヨーロッパ―ゲルマン系言語―プロテスタント）

ヨーロッパの宗教分布

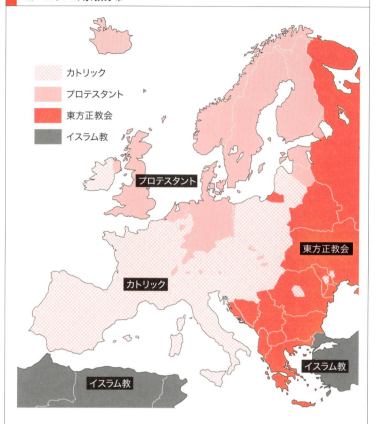

カトリック ローマ帝国の国教として成立。ローマ教皇を頂点に司教―神父―信者と続くピラミッド組織で，伝統や儀式を重んじる。

プロテスタント 16世紀の宗教改革により，カトリック教会を批判する形で誕生。聖書だけを信仰のよりどころとし，像や絵画などの偶像崇拝をしない。数百の会派が独立して活動している。

東方正教会 1054年にカトリック教会から分離し，コンスタンティノープル大司教のもとに成立。現在はギリシャ正教，ロシア正教，ルーマニア正教など国や民族ごとに正教会を形成している。

- **ラテン民族**（南ヨーロッパ―ラテン系言語―カトリック）
- **スラブ民族**（東ヨーロッパ～ロシア―スラブ系言語―東方正教会）

　このようなまとめ方をしている学習参考書があるが，実はこの定義は必ずしも適切ではない。

　言語については，右表からわかるようにラテン系言語同士，ゲルマン系言語同士，スラブ系言語同士は類似しており，ヨーロッパの言語には明らかに3つの主流がある。しかし，言語と宗教の分布を照らし合わせると，重なる国々が多いものの，ゲルマン系のオーストリアやスラブ系の東ヨーロッパの国々にはカトリックの信者が多いなど相違する地域も少なくはない。

　フランスはラテン系の言語圏であり，国民の多くはカトリックであるため，通常はイタリアやスペインなどとともに，ラテン系の国として分類されている。しかし，世界史でも習うように，フランスはゲルマン系のフランク人が建国したフランク王国がルーツであり，その意味ではフランス人はゲルマン系に属し，ラテン民族ではない。しかし，フランス人自身はおそらくそのような意識を持っていない。

　イギリス（イングランド）人のルーツであるアングロサクソン人も明らかにゲルマン系だが，やはりイギリス人は自分たちをゲルマン民族と呼んだりはしない。

　ラテン人やラテン語と言う場合のラテンという言葉は，イタリア中西部のラティウム（Latium）に由来し，ここに興った都市国家ローマがやがてローマ帝国に発展する。つまり，古代ローマこそラテンのルーツなのだが，現在ではラテンの国というと，イ

ヨーロッパの言語分布

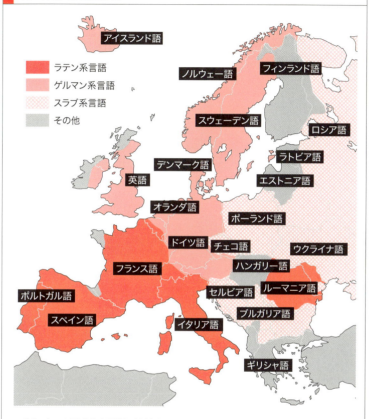

凡例:
- ラテン系言語
- ゲルマン系言語
- スラブ系言語
- その他

「手」という言葉を各国語で比較すると

ゲルマン系言語		ラテン系言語		スラブ系言語	
英語	hand	フランス語	main	ロシア語	ruka
ドイツ語	hand	イタリア語	mano	ポーランド語	reka
オランダ語	hand	スペイン語	mano	チェコ語	ruka
デンマーク語	haand	ポルトガル語	mão	セルビア語	ruka
スウェーデン語	hand	ルーマニア語	mână		

第❷章　違いが気になる疑問

タリアよりもスペインやポルトガル，さらに中南米の国々を思い浮かべる人が多いのではないだろうか。しかし，スペインは**多民族国家**であり，中南米の国々もアフリカ系，先住民系などラテン系以外の民族が多い。民族とは，歴史の過程で同じ文化を共有することによって形成された集団で，必ずしも同じ祖先を持つという血統的な集団ではない。

🌐 民族と国家

20世紀末に冷戦が終結すると，人々は世界から戦争がなくなることを期待したが，現実には，その後も世界各地で内戦や紛争が続いている。古来，人間たちは領土・主権・資源・宗教など様々な理由で幾たびもの戦争を繰り返してきたが，実は，それらの多くには民族問題が絡んでいる。第二次世界大戦では，ナチスドイツが「ゲルマン民族至上主義」を掲げたが，第一次世界大戦もドイツの汎ゲルマン主義とロシアの汎スラブ主義の衝突であるという歴史家がいる。21世紀の現代も，中東紛争，ウクライナ問題，アフリカ諸国の内戦など世界各地で紛争が絶えないが，その大きな要因は民族問題である。その一方，スイスやベルギーは，言語や宗教が異なる人々が，それぞれ〇〇人というアイデンティティを持ちながらも数百年にもわたって1つの国家を形成している。

世界には5000以上とも1万ともいわれる民族が存在しており，世界のほとんどの国は多民族国家である。その多くの国は，様々な民族問題を抱えながらも微妙なバランスと協調のもとに国家を成立させている。かつては民族の融和が叫ばれたが，現在は多様な文化の混在を積極的に評価する調和が尊重されている。

各国の民族構成

〈資料:『ニュースのつぼがすいすいわかるなるほど知図帳』等〉

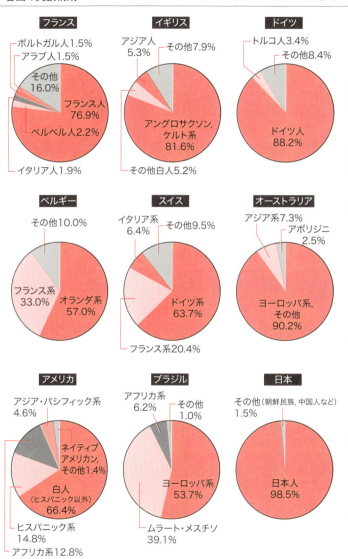

第2章 違いが気になる疑問

5 短距離王国ジャマイカ vs 長距離王国ケニア その強さの秘密

男子マラソンの世界歴代10傑のうち，何と8人までがケニアの選手が占めている。男子100m走の世界歴代10傑のうちジャマイカの選手は5人。1つの国だけにこんなに有能な選手が集中しているのはなぜだろう。

長距離王国ケニア

アメリカの大都市のスラム街に住む黒人の子どもたちは，短い距離を素早く走るのが得意だという。なぜなら警官に追われたときに猛ダッシュで逃げねばならないからだ。スラムの迷路なら100mほど素早く走れば警官の追跡を振り切ることができる。

また，ケニア東部の高原に住む部族には，かつては対立する部族の集落を夜間に襲い，家畜を強奪する風習があったそうだが，その際，彼らは追っ手に捕まらないよう夜通し数十kmを走り続けて村まで逃げ帰ったという。

つまり，アメリカの黒人の子どもたちに必要だったのは瞬発力，短い距離をいかに素早く走ることができるかであり，ケニアの部族には持久力，20km，30kmときには100kmもの長距離を走り続けることができるかが重要であった。アメリカの大都市では，長距離を移動するときには地下鉄を使えばよいし，ケニアの広大なサバナでは短距離ダッシュはまったく無意味だ。100m走ったくらいでは周囲の状況は何も変化しない。

オリンピックや世界陸上でメダルを獲得する選手を見ると，短距離種目では**ジャマイカ**や**アメリカ**など北中米出身の選手，マラソンなど長距離種目では**ケニア**や**エチオピア**など東アフリカ出身の選手が多いことはよく知られている。同じ黒人選手でもこのよ

うに出身地により活躍する種目が正反対なのは、そのまま鵜呑みにすることはできないが、このような彼らの生活環境の違いに起因するという説が興味深い。

最近、日本のある研究機関が、マラソンの世界最高記録を樹立したケニア人選手と日本人のマラソン選手の身体能力について比較調査を行った。その結果、ケニア人選手は日本人選手より次の点で大きく優れていることが判明した。まず、研究スタッフが驚いたのは、<u>ケニア人選手の心臓の大きさが日本人の1.6倍、筋肉量が1.3倍</u>あることだ。ケニア人選手の多くはケニア東部の高地に住む部族の出身だが、標高が2000 mの高地では空気は低地より20％、3000 mでは30％も少なくなる。そのため、酸素摂取量を増やすため、彼らの心肺機能が発達したと考えられる。自動車に例えるなら搭載エンジンの排気量がまるで違う。これでは日本人選手が刃が立たないのも道理だ。

また、広大なサバナで暮らすには、前述の家畜泥棒に限らず、長距離を走って移動するのは日常のことで、遠く離れた学校まで数十kmも走って往復する子どももいた。彼らの優れた筋肉や持久力はそんな生活からも身についたという。

研究スタッフはケニア人の走り方にも注目した。彼らはマラソンの勝負所であるレース終盤になってもスピードを落とさずに走り続ける。多くの選手は、終盤になると大腿部やふくらはぎの筋肉に疲労物質である乳酸がたまり、ペースダウンするが、日本人選手と比較調査した結果、同じ距離を走ってもケニア人選手の乳酸値は日本人選手の3分の2ほどしかない。ケニア人選手は、足の裏と地面との接触部をできるだけ少なくしたつま先走法と呼ば

れる独特の走り方をするが、この走法が乳酸の蓄積を抑えているのである。日本人ランナーはかかとから着地し、親指で地面を蹴るかかと走法で走るが、これではつま先走法に比べて筋肉への負荷が大きく乳酸値が早く高まってしまうのだ。しかし、つま先走法は幼い頃から裸足で生活していたケニアの子どもたちが足に衝撃を与えず、足の裏を傷つけないために自然に身につけた走り方で、日本人には一朝一夕にまねできない。つまり、ケニア人選手の長距離ランナーとしての適性は、空気の薄いサバナの高原を子どもの頃から裸足で走り続ける生活環境によって培われたと考えられる。

ただ、今ではケニアでも多くの子どもたちは普通に靴を履いており、学校やスクールバスも整備され、裸足で長距離を走って通学という光景はもはやケニアの日常ではない。それでもケニアは若い有望な選手を次々と輩出し続けており、現在のケニアの充実した選手育成環境にも着目しなければならない。今のケニアでは、ハングリーな若者たちにとってマラソンはお金や名誉を手に入れることができるドリームなのだ。トップランナーになれば海外へ留学したり、エージェントとプロ契約を結び、賞金レースに出場したりすることができる。オリンピックのゴールドメダリストともなれば、ヒーローとなるのは当然だが、最高の名誉と財産を手にすることができる。引退後は、競技で得た資金でトレーニングセンターや学校を設立し、指導者となって次世代の選手を育てることにより、安定した収入を得ることができる。自然環境だけではなく、伝統に培われた今の社会環境が長距離王国ケニアを支えている。

マラソン世界歴代10傑

〈資料：home of world athletics〉

男子（時間，分，秒）
① 2.02.57　デニス・キメット　　　　　（ケニア）　　2014
② 2.03.13　エマニュエル・ムタイ　　　（ケニア）　　2014
③ 2.03.23　ウイルソン・キプロティチ　（ケニア）　　2013
④ 2.03.38　パトリック・マカウ　　　　（ケニア）　　2011
⑤ 2.03.59　ハイレ・ゲブルセラシェ　　（エチオピア）2008
⑥ 2.04.00　エリウド・キプチョゲ　　　（ケニア）　　2015
⑦ 2.04.15　ジョフリー・ムタイ　　　　（ケニア）　　2012
⑧ 2.04.23　アエレ・アブシェロ　　　　（エチオピア）2012
⑨ 2.04.27　ダンカン・キベト　　　　　（ケニア）　　2009
　　〃　　 ジェームス・クワンバイ　　（ケニア）　　2009

※日本最高記録
　　2.06.16　高岡　寿成　　　　　　　（カネボウ）　2002

女子（時間，分，秒）
① 2.15.25　ポーラ・ラドクリフ　　　　（イギリス）　2003
② 2.18.37　メアリー・ケイタニー　　　（ケニア）　　2012
③ 2.18.47　キャサリン・ヌデレバ　　　（ケニア）　　2001
④ 2.18.58　ティキ・ゲラナ　　　　　　（エチオピア）2012
⑤ 2.19.12　野口みずき　　　　　　　　（日本）　　　2005
⑥ 2.19.19　イリーナ・ミキテンコ　　　（ドイツ）　　2008
⑦ 2.19.25　グラディス・チェロノ　　　（ケニア）　　2015
⑧ 2.19.31　アセレフェチ・メルギア　　（エチオピア）2012
⑨ 2.19.34　ルーシー・カブー　　　　　（ケニア）　　2012
⑩ 2.19.36　ディーナ・カスター　　　　（アメリカ）　2006

※日本最高記録
　　2.19.12　野口みずき　　　　　　　（グローバリー）2005

🌐 短距離王国ジャマイカ

 ジャマイカは，面積は四国の3分の2ほど，人口もやはり四国の3分の2ほどの約270万人，カリブ海に浮かぶ島国である。しかし，この小さな島国は，ロンドンオリンピックの陸上短距離種目（100 m・200 m）の男女12個のメダルのうち8個を占めるなど，近年のオリンピックや世界陸上で多くのメダリストを輩出している。ソウル（1988），バルセロナ（1992），アトランタ（1996）の男子100 m金メダリストもジャマイカ代表ではないが，ジャマイカの出身だ。この国にこれほど多くの短距離ランナーが育つのはなぜだろうか。

 かつてはスポーツ大国アメリカが陸上短距離でも圧倒的な強さを誇っていた。現在でもアメリカは多くの好選手を輩出しており，ジャマイカの最大のライバル国だが，両国とも活躍しているのはすべて黒人選手であることは読者もご存じだろう。さらにいえば，アメリカやジャマイカに限らず，1984年のロサンゼルス大会から2012年のロンドン大会までオリンピックの男子100mのファイナリストつまり決勝レースを走った64人のランナーはすべて黒人である。

 同じ黒人でも，有能な長距離ランナーには東アフリカ出身者が多いのに対し，<u>短距離選手のルーツは西アフリカである</u>。西アフリカには高温多湿の密林が広がり，ここに暮らす民族は長く狩猟生活を続けてきたが，密林の中で狩猟を行うときに必要なのは持久力ではなく，瞬発力と強靱な筋力である。そのため，<u>東アフリカの部族は手足が長いすらりとした体型で遅筋と呼ばれる筋肉が発達しているが，西アフリカの部族は筋肉質のがっしりした体型</u>

100m走歴代10傑

〈資料：home of world athletics〉

男子
- ① 9秒58　ウサイン・ボルト　　　　　（ジャマイカ）　　　　　　2009
- 〃　　　タイソン・ゲイ　　　　　　（アメリカ）　　　　　　　2009
- ③ 9秒69　ヨハン・ブレーク　　　　　（ジャマイカ）　　　　　　2012
- ④ 9秒72　アサファ・パウエル　　　　（ジャマイカ）　　　　　　2008
- ⑤ 9秒74　ジャスティン・ガトリン　　（アメリカ）　　　　　　　2015
- ⑥ 9秒78　ネスタ・カーター　　　　　（ジャマイカ）　　　　　　2010
- ⑦ 9秒79　モーリス・グリーン　　　　（アメリカ）　　　　　　　1999
- ⑧ 9秒80　ティーブ・マリングス　　　（ジャマイカ）　　　　　　2011
- ⑨ 9秒82　リチャード・トンプソン　　（トリニダード・トバゴ）　2011
- ⑨ 9秒84　ドバノン・ベイリー　　　　（カナダ）　　　　　　　　1996
- 〃　　　ブルニー・スリン　　　　　（カナダ）　　　　　　　　1999
- 〃　　　トレイボン・ブロメル　　　（アメリカ）　　　　　　　2015

※日本最高記録
- 10秒00　伊東 浩司　　　　　　　　（富士通）　　　　　　　　1998

女子
- ① 10秒49　フローレンス・ジョイナー　（アメリカ）　　　　　　　1988
- ② 10秒64　カーメリタ・ジーター　　　（アメリカ）　　　　　　　2009
- ③ 10秒65　マリオン・ジョーンズ　　　（アメリカ）　　　　　　　1998
- ④ 10秒70　シェリー・プライス　　　　（ジャマイカ）　　　　　　2012
- ⑤ 10秒73　クリスティーン・アーロン　（フランス）　　　　　　　1998
- ⑥ 10秒74　マーリン・オッティ　　　　（ジャマイカ）　　　　　　1996
- ⑦ 10秒75　ケロン・スチュワート　　　（ジャマイカ）　　　　　　2009
- ⑧ 10秒76　エベリン・アシュフォード　（アメリカ）　　　　　　　1984
- 〃　　　　ベロニカ・ブラウン　　　　（ジャマイカ）　　　　　　2011
- ⑩ 10秒77　イリーナ・プリワロワ　　　（ロシア）　　　　　　　　1994
- 〃　　　　イベット・ラロワ　　　　　（ブルガリア）　　　　　　2004

※日本最高記録
- 11秒21　福島千里　　　　　　　　　（北海道ハイテクAC）　　　2010

で，爆発的なパワーを発揮する速筋が多い体質をしている。

　ただ，アメリカやジャマイカ以外にも西アフリカから多くの人々がカリブの国々に移住しているはずだが，とりわけ，両国がずば抜けて実績を挙げているのは，選手育成の環境が整っているからだ。ケニアの子どもたちと同様に，ジャマイカの子どもたちにとって速く走ることは，英雄となり，お金が稼げるドリームである。カリブ諸国の中でもキューバやドミニカでは，子どもたちは野球選手に憧れ，優れた身体能力を野球で発揮し，多くの大リーガーを輩出しているが，ジャマイカでは，ウサイン・ボルトのようなオリンピックで活躍するスプリンターが子どもたちのヒーローなのだ。

　なお，近年はトリニダードトバゴやグレナダなど近隣のカリブ諸国からもオリンピックのメダリストが生まれており，ジャマイカ選手のルーツである西アフリカのナイジェリアやガーナにも100 mを9秒台で走る選手が何人も生まれている。

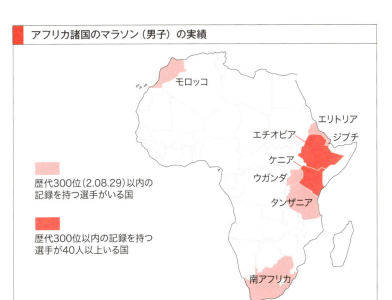

6 比較検証！コメ vs 小麦

世界の人々は何を主食にしているのだろうか？ 地域で見ると世界の約半数の国は小麦を主食としているが，人口では世界の半数以上の人々はコメを主食としている。

🌐 アジアが主産地のコメ，世界で栽培される小麦

 主食とは日常的にもっとも多く食べ，活動エネルギーの供給源になる食物のことをいう。主食となる作物には，**豊産性**（他の作物に比べ収穫量が多いこと），**安定性**（他の作物に比べて毎年の収穫が安定していること），**保存性**（他の作物に比べて長く備蓄できること）が必要だが，これらの条件をもっとも満たす作物がコメや小麦なのだ。

 コメは，世界の総生産量のうち約9割をアジアの国々が占め，そのほとんどをアジアの人々が消費している。コメの生産がアジアの国々に集中するのは，稲作に適した高温多湿の気候と沖積土壌の平野が他の大陸に比べてアジアに広く分布しているからである。また，水田での稲作は多くの肥料を必要とせず，何年でも続けて栽培することができる。さらにアダム・スミスが著書『国富論』の中で「水田は他のどの穀物畑よりもはるかに多くの食糧を生産する」と述べているように，コメは単位面積あたりの収量が高く（小麦の1.44倍），多くの人口を扶養することができる。東アジアから南アジアにかけて日本，中国，フィリピン，インドネシア，バングラデシュ，インドなどの人口大国が多いが，すべてコメを主食とする国々である。近年はアフリカやオセアニアの熱帯地域の国々でも米食が広まっている。

コメの地域別生産量比

〈資料：FAO 2013〉

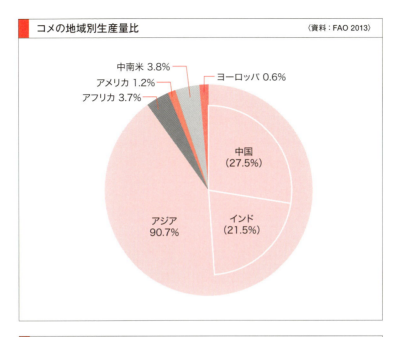

- 中南米 3.8%
- ヨーロッパ 0.6%
- アメリカ 1.2%
- アフリカ 3.7%
- 中国 (27.5%)
- インド (21.5%)
- アジア 90.7%

コメと小麦の主要生産国

〈資料：FAO 2013〉

【コメ】
① 中　国　　　　20,361 万 t
② インド　　　　15,920 万 t
③ インドネシア　 7,128 万 t
④ バングラデシュ 5,150 万 t
⑤ ベトナム　　　 4,404 万 t
⑥ タイ　　　　　 3,606 万 t
⑦ ミャンマー　　 2,877 万 t
⑧ フィリピン　　 1,844 万 t
⑨ ブラジル　　　 1,178 万 t
⑩ 日本　　　　　 1,076 万 t

世界　　　　　74,090 万 t
（モミの重量）

【小麦】
① 中　国　　　　12,193 万 t
② インド　　　　 9,351 万 t
③ アメリカ　　　 5,797 万 t
④ ロシア　　　　 5,209 万 t
⑤ フランス　　　 3,861 万 t
⑥ カナダ　　　　 3,753 万 t
⑦ ドイツ　　　　 2,502 万 t
⑧ パキスタン　　 2,421 万 t
⑨ オーストラリア 2,286 万 t
⑩ ウクライナ　　 2,279 万 t

世界　　　　　71,591 万 t

小麦は，熱帯や寒冷地域以外のほぼ世界全域120カ国以上で栽培されている。主産地もアジア，ヨーロッパ，北米，南米，オーストラリアなど南極を除く全大陸にわたっている。アフリカ大陸でもエジプトのナイル川流域は1万年も前から小麦栽培がさかんだ。中国とインドは2国で世界のコメの約半分を生産しているが，この2国は世界1位・2位の小麦生産大国でもあり，小麦料理も多彩だ。

　コメと小麦に**トウモロコシ**を加えて世界の**三大穀物**と呼ぶ。その用途を見ると，コメは89％，小麦は73％が食用として利用されているが，トウモロコシは64％が家畜飼料用，さらに先進国ではエタノール燃料など工業利用が増え（p.184参照），世界で生産されるトウモロコシのうち，食用にされているのはわすが18％にすぎない。

🌐 粒食のコメ，粉食の小麦

　食材としてのコメと小麦には大きな違いがある。コメは粒状，小麦は粉状のものを調理することだ。コメや小麦の実は食用となる胚乳部分を外皮が覆う構造になっており，食材とするためにはその外皮を取り除かねばならない。コメの場合は籾すりと呼ばれる作業により，外皮を割って粒状の実を取り出すが，小麦はコメに比べると外皮が硬く胚乳が柔らかいため，内側の胚乳部分だけを粒のまま取り出すことができない。小麦の場合は外皮ごと実をすりつぶして粉状にし，そのあとふるいを使って外皮を取り除く。そのため，コメは粒のまま炊いたり蒸したりする**粒食**が一般的な調理法だが，粉状の小麦つまり小麦粉はパンや麺類に加工する**粉食**が基本だ。小麦粉は水を加えてよくこねると，粘りと弾力のあ

る**グルテン**という栄養素を生成するが，そのグルテンのつながり具合を変えることで，パン，ナン，パスタ，うどん，菓子など多種多様な小麦粉食品を作ることができる。小麦特有の調理特性である。

なお，日本人が昔から食べている麦飯というのは，小麦ではなく大麦を加熱して押しつぶした押し麦をコメと混ぜて炊いたものである。食物繊維がたくさん含まれるため，近年は健康食として見直されている。

ワンポイント知識

「小麦」や「大豆」の語源

小麦は大麦に比べると決して小粒というわけではなく，穂の背丈が大麦より低いわけでもない。それならば，小麦や大麦の名の由来は何だろうか。野球のメジャーリーグ（MLB）を大リーグと訳すが，それと同じで大麦の大はbigではなくmajor，つまり主なる麦という意味である。穀物としては今でこそ小麦のほうがメジャーだが，古代中国では粒食ができる大麦（ダーマイ）が尊重され，それに対し，粉でしか使えない麦を小麦（シャオマイ）と呼んでいた。

大豆と小豆の場合も同じで，粒の大小が語源ではなく，やはり中国では用途が広く栄養価の高い大いなる豆が大豆（ダードウ），それに対し，ランクが下の豆を小豆（シャオドウ）と呼んだ。

7 比較検証！日本のコメ vs アメリカのコメ

「消費者が安く買えるならアメリカからコメを輸入してもいいんじゃない」「食糧自給率が主要先進国の中で最下位の日本が，コメの輸入を認めたら日本の農業が壊滅してしまう。絶対反対だ！」コメの輸入拡大をめぐっては賛否両論がある。しかし，アメリカのコメってなぜ安いのだろうか？

🌐 日米のコメの価格を比べてみると

アメリカ産のコメの価格は実際のところどれくらいなのだろうか？　当然，気になるところだ。アメリカ国内のスーパーの店頭価格（2015）を調べると次のようだった。

「国宝ローズ」15ポンド（約7kg）入り―約16ドル（約274円/kg）

「田牧米ゴールド」15ポンド（約7kg）入り―約27ドル（約463円/kg）

※kgあたりの金額は1ドル120円で換算

「国宝ローズ」はアメリカ国内の各地で栽培されているアメリカの代表的な品種であり，「田牧米ゴールド」はカリフォルニア産の良質コシヒカリ系品種で，アメリカの高級レストランで使われているAランクのブランド米である。新潟産のコシヒカリが1kgあたり600～1000円であることを思えば，アメリカ米の価格は確かに安いが，この価格を見る限り，決して脅威といえるほどの差ではない。ただ，これは近年のアメリカ国内の農産物価格の高騰や，アベノミクス以来，円安傾向が続いているという事情もあり，本来はもっと価格差があると考えるべきであろう。

🌐 アメリカ産のコメはなぜ安いのか

適地適作，広大な農地，機械化，企業的経営，これらがアメリカの農業の特色を表すキーワードである。アメリカの稲作は，豊富な水に恵まれ，温暖な気候の広大な平地が続くカリフォルニア・

アメリカの稲作地帯と主要農産物の産地

〈資料:「アメリカのコメ」等〉

　アメリカは総面積ではロシア・カナダに次ぐ第3位だが、国土の大半が温帯気候に属するため、その耕地面積は世界一である。気温や降水量、土壌、大消費地への距離などの諸条件に応じた適地適作による農業の地域分化が進み、さらに大規模経営、高度な機械化により低コスト大量生産を実現し、世界有数の食料輸出国となっている。
　2014年のアメリカのコメの生産量は、日本（770万t）とはほぼ同じ約720万t、その約半分の350万tは輸出されるが、その量はアジア以外の国々の中ではもっとも多い。（いずれも玄米の量）

テキサス・アーカンソーの3州が主産地で、ここでは広大な農場で大型機械を使った生産性の高いコメ作りが行われている。

これを日本と比較すると、カリフォルニアでは農家1戸あたりの農地面積が日本とはケタ違いの約320ha、1000haを超える農場も珍しくはないという。広大な農場を経営するために、徹底的な省力化が図られており、10aあたりの労働時間は日本の27分の1、これもケタ違いの差だ。

なぜ、そこまでの省力化が可能なのだろうか。まず日米の栽培工程の違いがある。冬が終わると苗代で苗を育て、梅雨の季節が近づくと田植えを行い、水田に苗を移植するというのが古来より続けられてきた日本の伝統の稲作である。しかし、アメリカでは田植えを行わず、種モミを水田に直播きするのが一般的である。苗代作りから田植えまでの工程を省略することで全労働時間の約30％をカットすることができる。

大型機械の導入も労働生産性を大きく高めている。水田1区画が日本より大きなアメリカでは、トラクターやコンバインなども巨大で、日本の農業機械とは平均5倍ほどの馬力や作業効率の差がある。もっとも大きな違いは、モミ播きや肥料・農薬の散布に飛行機を活用することだ。8条植え（一度に8列の苗を植える）の大型田植え機でも1haの水田に苗を移植するのには約3〜4時間が必要だが、飛行機ならば同じ時間でその100倍の広さの水田にモミ播きができる。

土地生産性つまり10aあたりの収量もアメリカは日本を上回っている。日本の集約的な稲作より、アメリカの粗放的な稲作のほうが土地生産性が高いのは、意外に思えるかもしれないが、その

稲作農家1戸あたりの水田面積比較　〈資料：農林水産省等〉

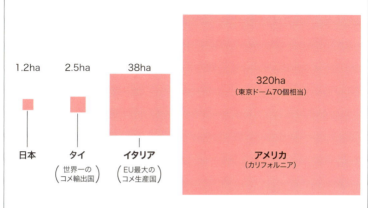

アメリカは農業生産の集中化が進み，少数の農業従事者が日本の数百倍の広大な農地を管理している。日本でも作付け規模が10ha以上の農家が15%を超えるようになったが，2ha未満の小規模経営の農家がまだ全体の6割ほどを占めている。

日米の10aあたりの生産性の比較　〈資料：農林水産省2014〉

理由は徹底した<u>適地適作</u>にある。カリフォルニアは，地中海性気候のためにコメの登熟期には晴天が続き，日射量が多いなど気候条件に恵まれている。つまり稲作に最高条件の場所であるため，粗放的な農法でも生産性が高くなるのだ。それに対し，日本の農業はコメ作りが第一義とされたため，寒冷地や平地の少ない山間部など本来なら稲作には不向きな場所であっても，品種改良や土地改良によってひたすら水田を増やしてきた経緯がある。ただ，カリフォルニアでもコシヒカリ系など高級米の場合は 10a あたりの収量は日本とそれほど違いはないようだ。

　最後にどうしても気になるのは，日本のコメと比べた場合のアメリカ産のコメの味である。回数は少ないが，筆者の体験ではヨーロッパや東南アジアで食べたコメは確かに「ん？違うぞ」と思った。しかし，アメリカの日本料理店で食べたコメにはまったく違和感がなく，国内で食べるコメと何ら違いを感じなかった。日本のコメが一番うまい，外国のコメはまずいという話をよく聞くが，アメリカ産米にも短粒種，中粒種，長粒種があり，日本系の短粒種ならば，おそらくほとんどの日本人は国産米と区別できないのではないだろうか。TPP が発効し，もしカリフォルニア産のコシヒカリが安く購入できるようになったとき，消費者は新潟産それともアメリカ産どちらを選ぶだろうか？

日米のコメの栽培工程の比較

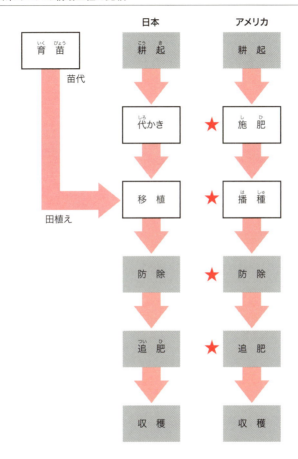

★印の工程は専門業者に委託し、飛行機を使用する。播種の場合、飛行機は1回に約900kg、6ha分の種モミを積み込み、低空を約16m間隔で往復しながら1時間あたり約20haの水田に種モミを播く。飛行機で種まきをするなどいかにもアメリカ的な発想に思えるが、実はこの方法を最初に考案したのは日本人である。カリフォルニアで前述の「国宝ローズ」を開発した日系移民の国府田敬三郎氏が、水田が広すぎてとても日本のように田植えができそうもないので、知人のパイロットに空中からのモミ播きを依頼したのが始まりだそうだ。

8 比較検証！コーヒー vs 茶
―世界の二大喫茶文化―

コーヒーは 1000 年以上前から，お茶は 2000 年以上も前の紀元前から人々に飲まれていた。今では世界中で 1 年間に飲まれるコーヒーはなんと 8000 億杯，お茶は 1 兆 6000 億杯になるという。

🌐 北緯 25 度〜南緯 25 度のコーヒーベルト

　コーヒーは，世界の約 80 カ国で栽培されている。コーヒーの生育には，年間の平均気温が 20℃前後，降水量は 1000 〜 2500mm が最適とされるが，さらに成長期には雨がよく降り，収穫期には乾燥する環境が必要とされる。このような気候が見られる赤道を挟んだ北緯 25 度〜南緯 25 度の地域は，**コーヒーベルト**と呼ばれ，世界のコーヒー産地がここに集中している。

　国別のコーヒー生産量を見ると，**ブラジル**が世界の 3 割を占め，19 世紀より 3 世紀にわたって世界のトップに君臨している。次いで隣国のコロンビアが長く第 2 位を保持していたが，近年は**ベトナム**の台頭が著しい。ベトナムは最近の 20 年間で生産量を 20 倍に伸ばし，輸出額ではすでにブラジルを超え，世界一となっている。ただ，ベトナム産のコーヒーがモカやコロンビアのようにブランドとして店頭に並ぶことはなく，ベトナムがコーヒーの一大産地であることはあまり知られていない。ブラジル産やコロンビア産のコーヒーはレギュラーコーヒー用の**アラビカ種**が主流だが，ベトナムで栽培されているのは**ロブスタ種**で，缶コーヒーやインスタント・コーヒーの原料として使われることが多く，我々がそれに気づいていないのである。

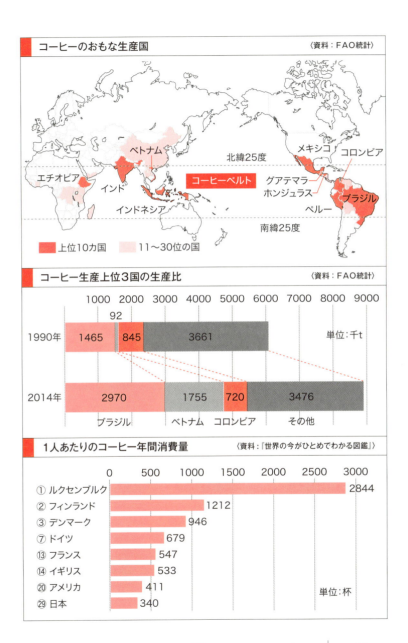

🌐 北緯45度〜南緯35度のティーベルト

コーヒーベルトに対して、北緯45度〜南緯35度の地域を**ティーベルト**と呼ぶ。茶の栽培範囲は広く、日本では青森あたりが北限だが、ヨーロッパではさらに高緯度のロシアやイギリスにも茶園が見られる。ただ、ティーベルトの国々ならどこでも茶の栽培がさかんなわけではなく、生産国は30カ国ほど、そのうち中国とインドだけで世界の半分以上を生産し、さらに10位の日本まで上位10カ国で世界の90％を生産している。

茶といえば、日本人にとっては**緑茶**のことであり、日本で生産される茶もほぼ100％が緑茶である。しかし、世界で生産される茶の約70％は**紅茶**であり、インドやスリランカなどの南アジア、ケニアなどアフリカで生産されているのはほとんどが紅茶である。中国は緑茶の生産も多いが、**ウーロン茶**など中国特有の茶の生産が多い。

これら茶の違いは栽培する茶の品種ではなく、製造方法にあることはあまり知られていない。茶葉を酸化発酵させて製造するのが紅茶、半発酵させるのがウーロン茶、発酵させずに加熱して作るのが緑茶である。同じ茶樹から異なる3種類の茶ができるわけだ。ただ、19世紀に従来の茶樹の変種であるアッサム種が発見され、高温多湿の土地での栽培に向いていることからインドやスリランカでは紅茶専用のアッサム種の栽培が普及している。

🌐 先進国で飲まれるコーヒー

コーヒーは先進国の飲み物といわれる。世界で取引されるコーヒーの96％はアメリカ、EU、日本が輸入しており、1人あたりのコーヒー消費量を見ると上位20カ国のうちブラジル以外はす

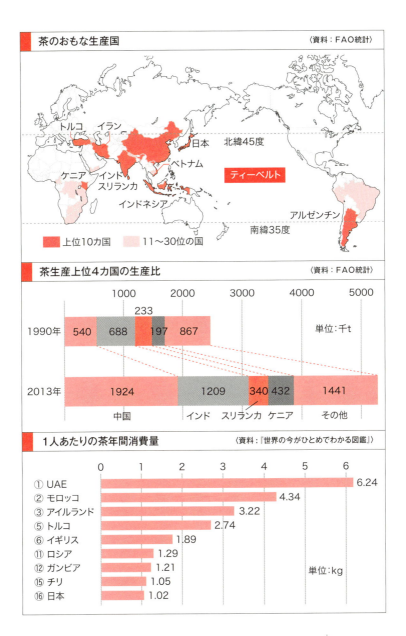

べてアメリカとEUの国々である。コーヒーは16世紀末にヨーロッパに伝わると健康飲料としてたちまちヨーロッパ全土に普及し、最新の統計では世界一コーヒーを多く飲むといわれるルクセンブルクの国民は1日に約8杯、紅茶党が多いと思われているイギリスの人々でも1日に1.5杯のコーヒーを飲んでいる。ちなみに日本人は0.9杯、全体では29位だが、これでも欧米以外では最上位だ。

　コーヒーの産地であるアジアやアフリカの途上国にコーヒーを飲む習慣が広まらないのはなぜだろうか。文化の違いもあるが、途上国の人たちにとってコーヒーはちょっと手の出せない高級な飲み物なのだ。ILOの調査によれば、日本の場合、<u>緑茶の平均小売価格は100gあたり125円だが、コーヒーは茶の5倍強の640円、さらに茶を飲むとき1杯あたりに必要な茶葉の量は2gあれば十分だが、コーヒーは10gが必要とされる</u>。アジアやアフリカのコーヒー生産国にとって、コーヒーは先進国への重要な輸出品目であり、国民にとっては身近な飲み物ではない。

🌐 世界中の人々が愛飲している茶

　茶の消費量は、国別で見ると生産大国でもあり、人口大国でもある中国とインドが群を抜いている。しかし、国民1人あたりの茶の消費量を見ると、アイルランドとイギリスを除けば、世界一のアラブ首長国連邦など上位はすべて**イスラム圏**の国々である。イスラム圏では飲酒が禁止されていることはよく知られているが、コーヒーも覚醒効果があるとして酒に準じて規制されていた時期があり、人々のあいだにお茶が身近な飲み物として定着している。1人あたりの消費量ではガンビアやジンバブエなどアフリ

カの国々やチリなど南米の国が日本より上位にランクされており，伝統的喫茶文化があるロシアやジョージアなど旧ソ連圏の国々の人々も茶を多く飲む。安価であり，湯を沸かせば手軽に作れる茶は，世界一多くの人々が飲んでいる飲み物である。

世界のコーヒーと紅茶の銘柄と産地

紅茶
❶キーマン（中国安徽省，世界三大紅茶）
❷ジャワ（インドネシアのジャワ島西部）
❸アッサム（インドの北部）
❹ダージリン（インド北部シッキム地方，世界三大紅茶）
❺キャンディ（スリランカ中部）
❻ウヴァ（スリランカ南東部，世界三大紅茶）
❼ケニア（ケニア中部のケニア山）

コーヒー
①クリスタルマウンテン（キューバ中部のエスカンブライ山脈）
②ブルーマウンテン（ジャマイカ中部のブルー山脈）
③エメラルドマウンテン（コロンビア西部のアンデス高地）
④サントス（ブラジル南東部，サントスは積み出し港）
⑤コナ（アメリカ ハワイ島西部のコナ地区）
⑥ベトナムロブスタ（ベトナム中南部のダックラック省）
⑦マンダリン（インドネシアのスマトラ島のマンデリン族が栽培）
⑧モカ（イエメン西部のバニー・マタル地区，モカは積み出し港）
⑨キリマンジャロ（タンザニア北部のキリマンジャロ山）

第❷章　違いが気になる疑問

9 世界一厳重な国境＆自由な国境
―世界の国境事情―

古代の人々には国境という概念はなく，誰でも陸地が続く限り自由に往来することができたのが，文明の発達にともない，人間たちは世界地図に国境というやっかいな境界線を引くようになった。

🌐 世界一厳重な国境

韓国と北朝鮮の境界は，多くの兵器が配備され，100万人近い軍隊が駐留する世界一厳重に封鎖された国境線といわれている。もっとも，両国とも自国の領土は朝鮮半島全域であると主張しており，正しくは国境線ではなく**軍事境界線**である。**朝鮮戦争**（1950～53年）の停戦協定に基づき，朝鮮半島を南北に分断して設置された休戦ラインで，総延長は約248kmに及ぶ。

この境界線は，かつてのベルリンの壁のように決して長いレンガ塀や鉄条網のフェンスで仕切られているわけではない。境界を示す標柱が一定の間隔で続くだけでちょっと意外な気さえする。協定により，境界線を挟んで南北2km，幅4kmの**非武装地帯**が設定され，軍事施設の設置や軍の行動が禁止されている。しかし，南北双方は自国側の非武装地帯を軍事境界線側に押し縮め，300mまで狭まった場所もあり，この協定は厳格には守られていない。韓国側では，非武装地帯のさらに南側に**民間人統制区域**が設定されており，一般区域とは有刺鉄線などで厳重に遮断され，一般人は許可なく立ち入ることはできない。軍隊が駐留しているのはこの民間人統制区域であり，監視台や軍用施設が設置されている。韓国側だけでも，軍事境界線，南方限界線（非武装地帯と民間人統制区域の境界），民間人統制線（民間人統制区域と一般地域と

朝鮮半島を分断する軍事境界線

板門店の軍事境界線（点線部分，手前が韓国側）

の境界）の3重の境界線があるわけだ。

　南北を繋いでいた鉄道や道路は，長く分断されていたが，2000年代に入ると黄海沿いの京義線と日本海沿いの東線が再連結され，軍事境界線を越えて，定期貨物列車が運行されるようになった。しかし，南北の政治情勢次第で遮断されることが多い。

　ただ，自由な往来ができない軍事境界線だが，人間たちが立ち入らないため，貴重な自然がそのまま保存されている。非武装地帯には希少種や絶滅が危惧される多くの動植物が見られ，絶滅危機の第一級に指定されているジャコウジカは現在では非武装地帯にしか棲息しない。非武装地帯はUNESCO生物圏保存地域に指定され，動物たちのパラダイスとなっているが，何とも皮肉なことだ。ただ，大型動物がたまに地雷に触れて死んでしまうことが痛ましい。

🌐 世界一通行が自由な国境

　オランダの南部に**バールレ・ナッソー**という町がある。隣のベルギーとの国境まで5kmほど離れているが，この町の中にはベルギー領の飛び地がある。国内に他国の領土があるなんて日本人の感覚では不思議だが，ヨーロッパでは決して珍しいことではない。ただ，バールレ・ナッソーの場合，オランダ領内にベルギー領の飛び地が22カ所もあり，そのベルギー領の飛び地の中にさらに7カ所のオランダ領の飛び地がある。おそらく世界でもっとも国境が錯綜している町だろう。

　町の名も双方で呼び名が異なっており，ベルギー側は**バールレ・ヘルトフ**という。人口はオランダ側が約6700人，ベルギー側が約2300人で，昔は1つの村だった。今のように複雑になってし

バールレ・ナッソーのベルギー領飛び地

街の中の国境線

〈撮影：Yuh Kawasaki〉

第2章　違いが気になる疑問

まったのは，かつてこの村の一帯を領有していた貴族たちが，領土のやりとりを繰り返したためだ。

　そのため，周りの家々がすべてオランダなのに1軒だけがベルギー領の飛び地となっていたり，1軒の家の中を国境線が通っていたりする。オランダの学校に通学する子どもたちが，ベルギー側の入り口から家に帰ってくると，オランダ領の子ども部屋で勉強し，夕食のときには父親と母親がオランダ領に座り，子どもたちがテーブルを挟んでベルギー領に座るといった具合だ。原則的に住民は入り口があるほうの国に所属することになっており，どちらの国に属しているかを示すために国旗を掲げている家が多い。ただ，商店の中には入り口を双方に設けたり，両国の国旗を掲げたりするところがあり，どちらの国の税金が安いかによって国籍を決めるという。

　酒税はオランダのほうが安いのでバーやレストランはオランダ側に多く，逆にガソリン税が安いベルギー側にはガソリンスタンドが多いそうだ。かつては交通事故の通報で出動したオランダの救急車が，ケガ人がベルギー側に倒れていたために救助ができなかったということもあったそうだが，今では町の人々はまったく国境などを意識したり，束縛されたりしないで自由に日常生活を送っている。

　1993年に **EU** が発足し，今ではヨーロッパの広い範囲がバールレ・ナッソーのように国境がフリーパスとなり，人や物の移動が自由になっていることは読者の方々もご存じかと思う。EUの成立までの歴史を見ると，実はオランダとベルギーが先駆的役割を果たしている。第二次世界大戦後，ドイツやフランスに挟まれ

た小国のオランダとベルギーは連合することによって，経済的に自立しようとルクセンブルクを加えてベネルクス同盟を設立した。3国間では関税を廃止し，他国には同一の関税を適用した。これは小国が協力することによって経済力を高め，国際社会での発言力を確保するという重要な意味を持ち，やがて，ドイツ（当時は西ドイツ）・フランス・イタリアとともに，ヨーロッパ石炭鉄鋼共同体（ECSC）を結成して，さらにヨーロッパ経済共同体（EEC），ヨーロッパ共同体（EC）と発展して，現在のヨーロッパ連合（EU）の成立に繋がる。

今やEUは28カ国が加盟，人口は5億人を超え，GDP（国内総生産）はアメリカを上回る一大経済圏を形成している。

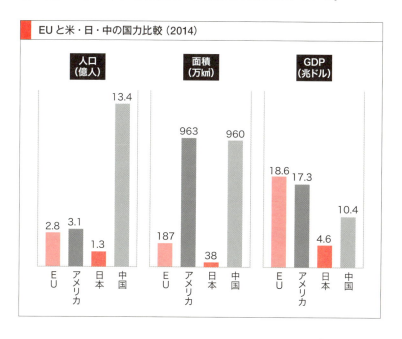

EUと米・日・中の国力比較（2014）

10 世界遺産白川郷＆世界遺産アルベロベッロ
―気候と住居―

伝統的住居群が世界遺産に指定されている白川郷（岐阜県白川村）とイタリア南部のアルベロベッロは，緯度も標高もほぼ同じ，同じ温帯気候に属するが，その住居様式はまったく異なっている。しかし，意外な共通点も…

🌐 日本の夏を重視した茅葺き住居

――家の作りようは夏をむねとすべし。冬はいかなる所にも住まるが，暑き頃，わろき住居は堪へ難き事なり――

吉田兼好の『徒然草』の中の一節である。エアコンのない時代，家を建てるときに日本人は夏の暑さ対策を最優先に考えた。日本列島は南北に細長く，冬の気候はかなり地域差が見られるが，夏は高冷地などの一部地域を除けば日本はどこも高温多湿，沖縄から北海道までその蒸し暑さはシンガポールなど東南アジアあたりとあまり変わらない。日本の住居には，そんな夏の暑さを凌ぐために他の国々では見られない独特の工夫が見られる。

高温多湿の夏の暑さ対策のため，日本の住居で重視されているのは，強い日射しを遮ることと通気性を良くし室内をほどよく調湿することだ。かつて，日本の農村地域には**茅葺き屋根**の住居が多く見られたが，20～30cmほどの厚さに茅で葺いた屋根は断熱や保温，吸放湿性に優れている。白川郷の合掌造りの場合，どの家も南北の向きに建てられているが，屋根面が東西に面しており，広い屋根の両面にまんべんなく日が当たることで，夏は厳しい日射を和らげるとともに乾燥を促進し，さらに冬は融雪を早める効果を持っている。**軒**を深くし，広い**縁側**を設け，**障子**や**襖**で部屋を仕切り，壁を最小限にしているのも夏を快適に過ごすため

白川郷とアルベロベッロの位置

白川郷（岐阜県白川村）とアルベロベッロの気候

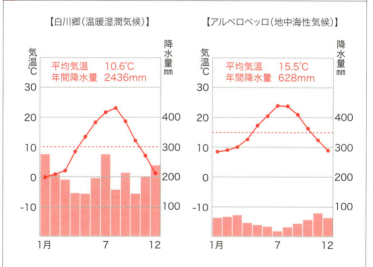

　地中海性気候は，冬には偏西風の影響で一定の降雨があるが，夏は晴天の日が続き乾燥が厳しい。日射しが強く，日中には気温が40℃前後まで上がることもあるが，一日の平均気温はそれほど高くはない。湿度が低いので夜間は温度が下がるためである。

の日本人の知恵である。建物を開放的な構造にすることによって通気性に配慮し，屋内の温度や湿度の上昇を抑えている。

　屋内に**土間**の部分と板敷きや畳敷きの**高床**の部分を持つことも日本の住居の特徴である。土間は火や水を使う炊事場として，雨の日や冬には作業場所として活用されたが，地中冷熱を持った土間は夏の屋内の温度上昇を防ぎ，かまどの火は冬には暖房に役立った。通気性のある床下の空間は，防湿に有効である。フランスの地理学者ジャーク・プズーは「日本の民家は寒い冬を持つ熱帯風住居である」と述べているが，外国人の客観的な目線で日本の民家の特色を的確に表現した言葉である。

🌐 地中海の夏を重視した石造りの住居

　白川郷は北緯36度・標高約500 m，アルベロベッロは北緯40度・標高約420 mに位置し，これらはほぼ同じ，また同じ温帯に属し，最暖8月の平均気温が23.5℃と23.7℃でこれもほとんど同じだ。ただ，イタリアの夏は高温乾燥が特徴で，同じ温帯でも高温多湿の日本の夏とはまったく異なる。

　アルベロベッロのあるヨーロッパの地中海沿岸地方は，夏になるとアフリカ大陸のサハラ砂漠を覆っていた**亜熱帯高圧帯**が北上するため，雨はほとんど降らず乾燥し，最高気温が40℃を超えることもある。日本では暑いときには窓を開けて風を入れるが，気温が40℃を超えると風はドライヤーの熱風のようになり，この地方では逆に窓を閉めて熱風が入らないようにする。アルベロベッロの住宅は，外の熱気を遮るため，壁は漆喰で白く塗り厚くして，窓や出入り口は小さく作られている。壁の白い色は太陽の強い赤外線や紫外線を反射させ，室内の涼しさを保つ効果がある。

世界遺産白川郷(岐阜県)の合掌集落

合掌造りの構造

〈『白川郷合掌造Q&A』を参考に作成〉

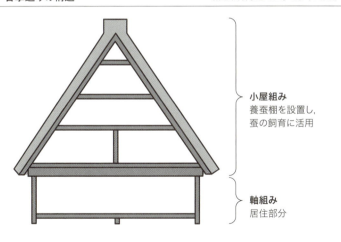

- **小屋組み**
  養蚕棚を設置し、蚕の飼育に活用

- **軸組み**
  居住部分

合掌造りは、柱・桁・梁で構成された軸組み部分(四角)と小屋梁と2面の合掌材で構成された小屋組み部分(三角)を組み合わせているのが特徴である。

また、漆喰の材料である石灰は、防水性があり、湿度調整効果にも優れ、さらに強アルカリ性で除菌効果に優れていることも判明している。アルベロベッロだけではなく、漆喰を使った白壁の住居はスペインやギリシャなど地中海沿岸地方には広く見られる。ジャーク・プズー風にいうならば、「地中海地方の民家は、冬には雨が降る乾燥帯風住居」とでもいえばよいのだろうか。

　外観、構造、建築材料、機能性などまったく異なる白川郷とアルベロベッロの民家だが、意外な共通点もある。それはどちらも伝統的な工法による建造物でありながら、現代の最先端の構造力学の原理に基づいて建てられた建築物であることだ。白川郷の合掌造りの屋根裏には棟木を支える柱がなく、一階の梁と合掌との正三角形のバランスによって大屋根が支えられている。60度という屋根の角度は風雪等の水平および垂直の外力に対し、もっとも安定した構造をしており、その合理性は現代の構造力学の理論で証明されている。

　アルベロベッロの住宅の屋根は薄い板状の石灰岩をドーム状に積み重ねて作られている。あらかじめ骨組みを組んだり、モルタルなどの接着剤を使ったりはせず、職人技によって作られ、摩擦と石の重みだけで天井を支えるその構造も構造力学に適った工法である。

　岐阜県白川村とアルベロベッロ市は2005年に姉妹友好提携を締結している。

世界遺産アルベロベッロ（イタリア）の家並み

住宅の内部

壁は石組みの上に漆喰を塗り，60～80cmの厚さがあり，外の熱気を遮断している。窓は熱風が吹き込まないよう小さく作られている。

11 新幹線 vs TGV
—日仏の鉄道事情—

> 1964年，東海道新幹線を開通させ，世界初の時速200kmを超える高速走行を実現した日本の新幹線技術に当時の世界は驚嘆したが，今では新幹線のような高速列車は世界の20カ国以上で運行されている。

「これからは自動車と航空機の時代，鉄道はもはや時代遅れだ」——新幹線計画が発表された1950年代，必ずしも計画は国民から支持されていたわけではなかった。新幹線など作っても時代遅れの無用の長物になるとか，そんな金があるならもっと通勤列車の混雑をなんとかしろとか様々な反対意見があったと聞く。

しかし，開業以来50年間に56億人を運び，その間の列車事故による死傷者はゼロ，日本の大動脈として国土形成や産業集積に大きな役割を果たした新幹線は今や日本経済や国民生活に必要不可欠な存在となっている。

新幹線の成功は世界各国の鉄道交通にも強い影響を与えた。高速性を実現しただけではなく，新幹線が自動車や航空機よりも安全性・正確性・輸送量で優れることを実証すると，多くの国が高速鉄道に関心を示すようになった。

フランスは，1967年より高速鉄道のプロジェクトを本格的にスタートさせ，1981年，パリーリヨン間で，世界で2番目の高速列車 **TGV（Train à Grande Vitesse）** の運行を開始する。TGVは日本の鉄道技術に学びながらも，フランスの国土事情に合わせ，独自の開発部分も多い。新幹線との最大の違いは動力方式である。TGVには筆者も乗車したことがあるが，そのときの印象として走行中でも新幹線の"のぞみ"よりも静かで振動が少

TGV路線図

〈資料:「世界の鉄道旅行」〉

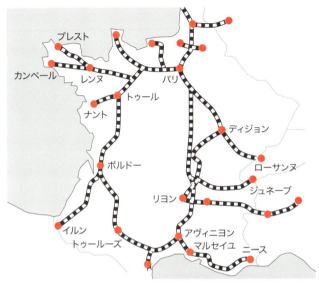

パリ・リヨン駅には22線のホームがあり,南フランス,スイス,イタリア方面のTGVが発着する。

ないように感じた。これは，先頭の機関車が客車を牽引する両端集中方式というシステムで，客車の床下にはモーターがないためだ。日本の新幹線はすべての車両にモーターを搭載する動力分散方式を採用している。両端集中方式は，振動が少なく，客車の生産コストを低くできるのがメリットだが，加速や減速は全車両にモーターがある動力分散方式が優る。また,両端集中方式の場合,機関車の重量が重くなるので線路や路盤への加重が大きくなり,高架や橋梁が多い日本の新幹線には適さない。

次に輸送能力を比較すると，TGVは機関車2両と客車8両の10両編成が基本で定員は360〜550人，パリーロンドン間を運行するTGVclass373(**ユーロスター**)は20両編成で定員は750人。それに対して東海道新幹線の列車は16両編成で定員が1323人。さらに運行本数がパリーロンドン間の1日15本に対し，東海道新幹線は1日平均320本以上の列車が運行しており，輸送能力は圧倒的に日本の新幹線が優っている。

ただ，運賃はほぼ同じ距離を乗車してもTGVのほうがかなり安い。TGVの運賃が安いのは，建設コストが最大限抑えられているからである。フランスでは在来線の軌間も高速鉄道と同じ1435mmなので，用地確保が難しい都市部では新線建設をせずに既存の線路を活用し，さらに新線を建設する場合も，フランスの国土は平坦でなだらかな地形が多いので，高額な建設費が必要となるトンネルや高架橋などの構造物を造らなくて済む。

その一方，人口密度が高く，地形が複雑な日本の新幹線はトンネルや高架橋の連続だ。九州新幹線や北陸新幹線はトンネル部分が全線の半分以上，上越新幹線は全線の99%がトンネルと高架

橋で，これでは建設コストが高騰するのは当然である。

しかし，半世紀の実績を積み重ねた日本の新幹線技術や土木技術は今や世界の最高水準に達している。近年は高速鉄道の導入を目指す新興国が増えているが，今こそ日本の技術を活かした国際貢献をするのが日本の責務であり，ビジネスチャンスでもある。

新幹線とTGVの比較

新幹線（日本）		TGV（フランス）
1964年	営業開始	1981年
2965km	営業キロ	2158km
1435mm	軌　　間	1435mm
320km/h（東北新幹線） a）285km/h	最高速度	300km/h
動力分散方式	動力配置	両端集中方式
a）16両（編成長405m）	編　　成	b）20両（編成長394m） 　機関車2両・客車16両 　ビュッフェ車2両
a）1323人（自由席と指定席） 　グリーン車200人 　普通車1123人	定　　員	b）750人（全席指定） 　一等車206人 　二等車544人
a）14,650円	料　　金	b）片道78ユーロ 　（約10,000円） 　往復115ユーロ 　（約15,000円）
a）2時間22分	所要時間	b）2時間15分
a）約320本/1日	運行本数	b）15本/1日

＊a）は東海道新幹線（東京—新大阪）のデータ
＊b）はTGVclass373：英名ユーロスター（パリ—ロンドン）のデータ
＊東京—新大阪間とパリ—ロンドン間の距離はほぼ同じで約500km

成田空港（日本）vs インチョン空港（韓国）
―日韓の空港事情―

成田空港が開港したのは40年ほど前の1978年，その後，航空需要の増大にともない，シンガポール，ホンコン，インチョン，バンコクなどアジア各地に成田を上回る大規模な国際空港が相次いで開設された。

🌐 インチョン空港はアミューズメントパーク

　右の写真は**インチョン空港**で筆者が撮影したものである。たまたま何かのイベントにでも出くわしたのかなと思ったが，聞けばこの朝鮮王朝パレードは，空港内のショッピングエリアで毎日行われているそうだ。インチョン空港では他にも王朝音楽や韓国文化のパフォーマンス，美術ギャラリーなどを楽しむことができ，さらに，この空港で飛行機を乗り継ぐ旅行者のために，出発までの待ち時間を有効に活用してもらおうと空港周辺やソウル市内を巡る無料の観光ツアーが実施されている。今後さらにカジノやスパの開設が計画されており，インチョン空港は単なる待合所ではなく，もはや巨大なアミューズメント施設である。

　インチョン空港はソウルから50kmほど西に位置し，インチョン市の沖合の干潟を埋め立てて，日韓共催ワールドカップの前年の2001年に開港した**国際ハブ空港**である。3本の滑走路を備え，2014年の年間の航空機発着41万回，年間旅客数4551万人，取扱貨物量247万tはいずれも成田空港を上回っている。現在も拡張工事が進められており，これが完了すれば，滑走路は4本，空港総面積は成田空港の5倍になるという。

　インチョン空港と日本の地方空港の結びつきにも注目したい。日本国内では，羽田空港が国内路線の基幹となっており，地方空

インチョン空港内で見られる王朝パレード

アジアのハブ空港

	成田（日本）	インチョン（韓国）	ペキン（中国）	チョンギ（シンガポール）
都心からの距離 所要時間（鉄道）	約70km 53分	約50km 43分	23km 25分	17km 約30分
面積	940ha	1174ha	1667ha	1300ha
滑走路	4000m 2500m	4000m 3750m 3750m	3200m 3800m 3800m	4000m 4000m 2750m
発着可能時間	6:00～23:00	24時間	24時間	24時間
旅客数（2014年）	3559万人	4551万人	8614万人	5409万人
就航都市数	102都市	133都市	97都市	138都市
取扱貨物量（2012年）	204.3万t	247.4万t	178.8万t	184.3万t

　ハブ空港とは，自転車の車輪が中心部のハブからスポークが放射状になっていることに例え，路線が周辺の空港に伸び，航空ネットワークの中心部となるような巨大な国際空港をいう。

港の多くは成田への直行便がない。そのため，地方から海外へ行こうとすると，まず羽田まで飛び，そのあと成田まで移動しなければならない。しかし，インチョン空港からは日本国内の35都市の空港へ直行便が就航しており，日本の地方都市からだとまずインチョンへ飛び，そこで乗り継ぐほうが成田経由より便利なのだ。現在では，年間100万人ほどの日本人旅行者が乗り継ぎのためにインチョン空港を利用している。

🌐 日本の空港の弱点

　高度経済成長にともなう航空需要の増大に対応するため，新たな時代の本格的国際空港として，1978年に開港した**成田空港**は，2000年代に入ると年間の国際線旅客数が3000万人を超えて世界第6位に躍進し，貨物取扱量は1986年から10年連続で世界一となり，アジアを代表するハブ空港としての地位を確立した。しかし，その後，近隣のアジア諸国が国策として大規模な国際空港を次々と開港させると，東アジアエリアの空港間競争が一気に激しくなる。

　とりわけ，地理的に成田空港ともっとも競合する韓国のインチョン空港は，開港以来十数年で総旅客数が2.2倍，乗継旅客数が2.7倍に増加したのに対し，成田空港のこの間の旅客数はほぼ横ばい，2010年に逆転されると，以降はインチョン空港に完全に差をつけられている。インチョン空港の飛躍の要因については前ページで述べたが，成田空港が低迷する要因は何だろうか。

　アジアの他の空港に比べると，成田は都心から遠い，滑走路が少ない，周辺への騒音問題のために深夜の離着陸ができないなど，施設面でのマイナス要素が多い。さらに，成田だけではなく，日

世界の主要空港の面積比較　〈松山久秋氏「航空貨物輸送の研究」等を参考に作成〉

成田空港
940ha

関西空港
1,050ha

中部空港(セントレア)
470ha

チャンギ空港
(シンガポール)
1,300ha

インチョン空港
(韓国)
1,174ha

ロンドン・ヒースロー空港
(イギリス)
1,117ha

パリ・ドゴール空港
(フランス)
3,238ha

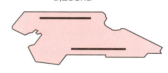

アムステルダム空港
(オランダ)
2,678ha

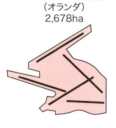

ダラス・フォートワース空港
(アメリカ)
7,568ha

ニューヨーク・ケネディ空港
(アメリカ)
1,995ha

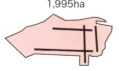

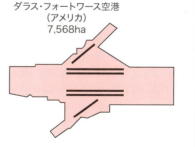

本の空港は，飛行機が着陸する際に航空会社が空港に支払う着陸料が外国の空港よりかなり高額であることも競争を不利にしている。日本の空港の着陸料が高いのは，巨額の空港建設費と維持管理に必要な経費を着陸料で回収しようとしているからである。地代が高く，いろんな権利が交錯する日本では，空港建設に巨額の費用がかかる。

　成田とインチョンは立地場所や開港した年代が異なるので，同じように埋め立てによって建設された**関空（関西国際空港）**をインチョン空港と比較すると，水深が1mほどの遠浅の干潟を埋め立てたインチョン空港の総工費7.8兆ウォン（約6200億円）に対し，水深20mの沖積粘土層に100万本の杭を打ち込んで建設した関空の総工費は現在まで約2.4兆円に達している。

　収入を増やすためには，着陸料を高くするのではなく，就航便数を増やすという方法もあるが，着陸料が高ければ当然就航便数は増えない。そこで，成田空港や関空では，新規の路線の誘致を図るため，着陸料を最大で1年間無料にするなど様々な着陸料割引を導入し始めたが，同様の制度はインチョンなど他国の空港でも実施されており，まだまだ前途は多難だ。

🌐 知られざる日本の空港の世界一

　しかし，日本の空港にも誇るべき世界一がいくつかある。それは，出発時刻の正確さである。飛行機が定刻通りに離陸した割合を示す定時運航率は，2013年には羽田空港が世界の主要空港中唯一90％超えの95％で首位，成田空港が86％で第2位，両空港に次ぐアジアの空港ではシンガポール・チャンギ空港が78％で第10位，ペキン首都空港は18％で最下位だった。

また，ヨーロッパの調査会社が毎年世界の主要空港を部門別に評価したランキングを発表しているが，成田は世界でもっとも「セキュリティ手続き対応が素晴らしい空港」部門の世界No.1，羽田は「世界最高の国内線空港」部門と，空港の清潔さや快適さを評価する「世界で最も清潔な空港」部門で世界No.1に輝いた。

　関空はASCA（アメリカ土木学会）が選定した「20世紀世界10大プロジェクト」で，水路交通部門のパナマ運河や鉄道交通部門のユーロトンネルなどとともに，航空部門で20世紀を代表する土木建造物No.1に選ばれた。日本の高度な土木技術が世界から高い評価を得たのである。

　<u>日本の空港は施設規模や運行実績では世界の大空港と差があるものの，安全面や利便性など利用者に対するサービス面，技術面では間違いなく世界一であろう。</u>

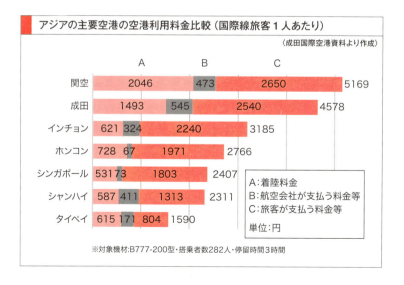

アジアの主要空港の空港利用料金比較（国際線旅客1人あたり）
〈成田国際空港資料より作成〉

A：着陸料金
B：航空会社が支払う料金等
C：旅客が支払う料金等
単位：円

※対象機材:B777-200型・搭乗者数282人・停留時間3時間

ワンポイント知識

世界の言語
〈資料：The Penguin FACTFINDER 2005〉

言語	母語人口	地域
①中国語（北京語）	8億8500万人	中国
②英語	4億人	英国・米国・カナダ・オセアニア
③スペイン語	3億3200万人	スペイン・中南米
④ヒンディー語	2億3600万人	インド中北部
⑤アラビア語	2億人	中東・北アフリカ
⑥ポルトガル語	1億7500万人	ポルトガル・ブラジル
⑦ロシア語	1億7000万人	ロシア
⑧ベンガル語	1億6800万人	バングラデシュ
⑨日本語	1億2500万人	日本
⑩ドイツ語	1億人	ドイツ・オーストリア・スイス
⑪呉（ウー）語	9100万人	中国の長江下流域
⑫ジャワ語	7500万人	インドネシア
⑫韓国（朝鮮）語	7500万人	韓国・北朝鮮
⑭パンジャブ語	7300万人	パキスタン
⑭テルグ語	7300万人	インド南東部
⑯フランス語	7200万人	フランス・旧フランス領諸国
⑰マラータ語	6500万人	インド西部
⑰タミル語	6500万人	インド南部
⑲イタリア語	5700万人	イタリア
⑳広東語	5500万人	中国（香港・マカオ・広東省）

　言語研究機関「SIL International」によると，地球上には約7300種類の言語が存在するそうだ。億単位の人に使われる言語もあれば，絶滅寸前の言語もある。世界一の多言語国家といわれるパプア・ニューギニアには840以上の言語があるが，そのうち，290の言語は1000人以下の話者しかいない。険しい山岳地帯が続き，部族間の交流が少なかったために独自の言語が発達したのだろう。日本のように1カ国語しか話さない国は世界の30％ほどにすぎない。

第3章

日本人が気になる
世界文化の疑問

1 イスラムの女性が全身を覆う衣服を着るのはなぜ？
―宗教と衣服―

厳しい服装の規定は彼女たちの敬虔な信仰の象徴だろうか？　それともイスラム社会の女性抑圧の象徴なのだろうか？

　イスラムの国々では，全身をすっぽり覆う黒ずくめの衣装を着た女性が多い。地域やそのスタイルによって，ヒジャブ，ブルカ，ニカブ，チャドルなど様々な呼び名があるが，イスラムの戒律は，女性に対して近親者以外には髪を見せないこと，肌を見せないこと，ボディーラインを見せないことを義務づけている。人権を論じる人たちの中には，これを女性の自由を奪っているとか性差別だとか主張する人たちがいる。しかし，果たして本当にイスラムの女性は抑圧されているのだろうか。そもそもなぜ女性は身体を隠さなければならないのだろうか。

　イスラムの聖典**クルアーン**には，「神は汝の貞操を守り，汝が美しくあるために衣服を与えた。衣服によって汝は悪から守られ，汝の尊厳は維持される」とある。娘や妻や母である女性は魅力的で繊細，かけがえのない存在であり，衣服はそんな女性たちを守るものというのがイスラム風の考え方である。具体的にいうならば，女性の髪の毛や素肌は男たちを誘惑するので，男たちの視線を回避するために顔と手首以外は見せてはならない，つまり全身を覆う衣服はセクハラ予防，そんな意味があったのだ。

　なお，衣服の制約のためにイスラム女性がスポーツを行うことには厳しい制約があったが，近年はスカーフや全身スーツを着用したイスラム選手がオリンピックでも見られるようになった。

イスラム諸国では，女性はどんな衣装が望ましいと考えているか

〈資料：Courrier international〉

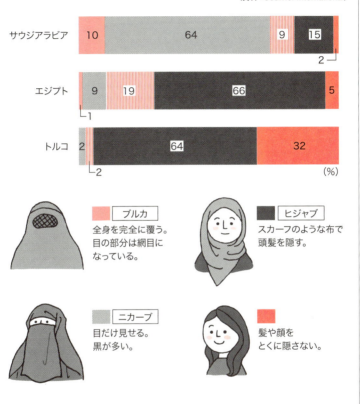

国	ブルカ	ニカーブ	チャドル	ヒジャブ	(隠さない)
サウジアラビア	10	64	9	15	2
エジプト	9	1	19	66	5
トルコ		2	2	64	32

（％）

ブルカ　全身を完全に覆う。目の部分は網目になっている。

ヒジャブ　スカーフのような布で頭髪を隠す。

ニカーブ　目だけ見せる。黒が多い。

髪や顔をとくに隠さない。

チャドル　顔だけ出して身体全体を隠す。

　アメリカの大学が，女性の適切な服装についてイスラム社会ではどのように考えられているかという調査を行った。教義の絶対性や西洋文化の浸透度は同じイスラム圏でも国ごとの差が大きい。

第3章　日本人が気になる世界文化の疑問

2 一夫多妻制が世界の8割の民族社会で認められているのはなぜ？ —世界の結婚事情—

アメリカのある文化人類学者が，世界の849の民族社会について結婚様式を調査した2002年の報告によると，そのうち83％の社会で，現在もなお一夫多妻婚が認められているという。

🌐 イスラム諸国の一夫多妻制

テレビタレントのデヴィ夫人は，世界最大のイスラム教国インドネシアの故スカルノ大統領の第3夫人として知られているが，イスラム社会では**一夫多妻**が認められている。ただし，イスラム教徒が複数の妻を持つためには，先に結婚している妻の承諾を得ること，妻は4人以内であること，すべての妻たちに公平に接することなどの条件を満たさねばならない。日本人は第1夫人が正妻で第2～4夫人は立場が低くなる序列関係を連想しがちだが，イスラムの教義では，複数の妻を娶る場合，夫は特定の妻を偏愛してはならず，彼女たちに公平に接しなければならないことが定められており，結婚の順序が異なっても妻たちの地位は平等である。さらに結納金や住居を用意しなければならないなどの経済的条件も加わり，実際に2人以上の妻を持っているのは富裕層の男たちだけだ。現在のインドネシアでは，首都ジャカルタの場合，2人以上の妻を持っている成人男子は全体の2％ほどにすぎず，エジプトなどアラブ諸国でも概ね1～3％ほどである。

同じイスラム圏でも，ヨーロッパ文化の影響が強いトルコやチュニジアでは，現在は一夫多妻制そのものが法律で禁じられており，イラクやパキスタンでは，2人以上の妻を持つためには裁判所の裁可が必要となるなど，一夫多妻婚を規制する国々が増え

一夫多妻制が見られる国々

〈資料：Wikipedia 等〉

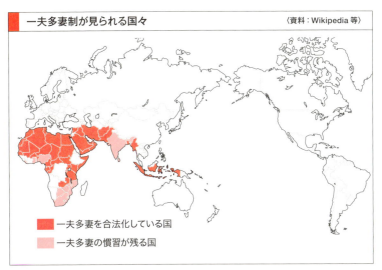

- 一夫多妻を合法化している国
- 一夫多妻の慣習が残る国

インドネシアの一夫多妻婚の実情

〈大形里美氏の調査資料（2010）より作成〉

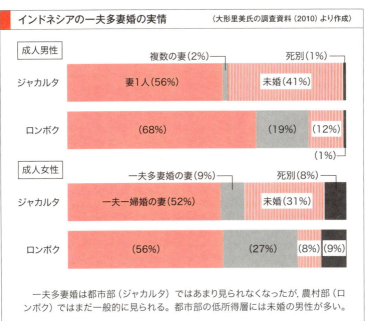

一夫多妻婚は都市部（ジャカルタ）ではあまり見られなくなったが、農村部（ロンボク）ではまだ一般的に見られる。都市部の低所得層には未婚の男性が多い。

ている。その一方，イランでは 1979 年のイスラム革命後，妻は夫の新たな結婚に対して異議を挟むことができなくなるなどの復古政策が進み，イスラム諸国の中でも一夫多妻制に対する対応にはかなりの温度差があるようだ。

🌐 アフリカ諸国の一夫多妻制

　同じくタレントであるボビー・オロゴンさんには兄弟姉妹が全部で 33 人いるそうだ。ボビーの母国のナイジェリアでは一夫多妻婚が認められており，ボビーの父には 6 人の妻がいるという。<u>サハラ以南のアフリカ諸国では現在も一夫多妻制が広く見られる</u>。もっとも顕著なのは西アフリカのブルキナファソで，この国では配偶者のいる女性のうち，55％が一夫多妻状態である。

　2014 年，ケニアではそれまで慣行として続いていた一夫多妻制が正式に法律として成立した。しかもこの法律は，妻の数は何人でもよし，新たな妻を迎えるときに先妻の承諾は必要なしという規定で，この国のある政治家は「男が女を連れて家に帰ればみんな妻だ。古い妻に了承を得る必要などはない」と語ったというから，日本人や欧米人の価値観とは相当な違いがある。

　南アフリカの場合も法制化はされていないが，11 代大統領のジェイコブ・ズマは，70 歳になった 2012 年に 6 人目の妻を娶（めと）ったことが日本でもニュースとして報道された。彼はズールー族の出身だが，一夫多妻制はこの部族の伝統的な慣行である。

　世界の社会のうち，83％で一夫多妻制が認められているという冒頭の記述だが，これは人口比ではなく民族単位の調査で，<u>アフリカではほとんどの部族に今なお一夫多妻制が残存している</u>。

アフリカ諸国の一夫多妻婚の状況（1999〜2005）

〈「社会実情データ図録」より作成〉

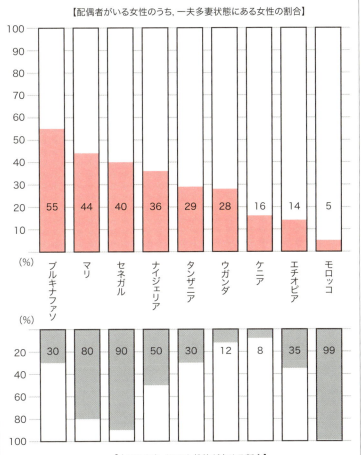

一夫多妻婚の割合とイスラム教徒の割合は一致せず，アフリカの部族社会にはイスラム教とは関係なく伝統的な一夫多妻婚の慣習が残っている。

第3章　日本人が気になる世界文化の疑問

🌐 なぜ一夫多妻制があるのか

　一夫多妻制は，イスラム圏やアフリカ諸国だけではなく，かつては中国，インド，ヨーロッパ，アメリカ大陸など世界の各地に見られた文化である。もちろん日本も例外ではなく，権力者たちが複数の妻を持つことは決して珍しいことではなかった。

　一夫多妻制が世界に普遍的に存在した理由は何だろうか。

　イスラム社会やアフリカの部族社会における一夫多妻制は戦争未亡人の救済措置の意味を持っていた。イスラム教が成立した7世紀頃のアラビア半島では戦乱が続き，多くの男たちが戦死したため，未亡人や遺児の数が増えることになった。イスラム社会では女性は経済的に自立できないため，残された婦女子の救済を目的として，前述のような条件のもとに戦死した者の遺族の男たちが，夫を失った女たちを2人目の妻とするようになったのである。

　日本では，戦国大名や江戸幕府の将軍たちが正妻以外に多くの側室を持ったが，この場合の一夫多妻は自分の血を引く後継者を得ることや血縁の一族を増やすことが目的であった。世界史を見ても多くの為政者が同様のことを行っている。

　さらに，多くの妻を持つのは，男たちのハーレム願望が根底にあったことも否めない。男の性的欲望，権勢欲，支配欲によるもので，古来より，権力と財力を持った支配層や富裕層の男たちは多くの妻を持つことを特権としていた。そんな一夫多妻制をうらやむ男性諸氏がおられるかもしれないが，インドネシアなどでは逆に困窮のため妻を養えず，結婚できない未婚の男たちが多いことが切実な社会問題となっていることも付け加えておきたい。

ワンポイント知識

「一妻多夫制」ってナニ？

　冒頭のアメリカの学者は，世界には一夫多妻制とは真逆の一妻多夫制の慣習を持つ民族社会があることも報告している。一妻多夫とは，文字通り妻1人に対して夫が複数ということだが，日本人には想像し難いこのような婚姻形態にはどのような背景があるのだろうか。

　ヒマラヤの秘境で暮らすチベット族を例にその実情を見てみよう。チベット族のあいだに見られるのは，兄弟で1人の妻を共有する兄弟型一妻多夫婚だが，それには次のような理由がある。

　まず，家産の分割防止だ。チベット社会では，家の財産や土地は世襲により親から子に受け継がれるが，高地や山岳地帯に暮らす彼らには，土地を息子たちに分割して与えるゆとりがない。そのため，兄弟で1人の妻を迎えることにより，兄弟が同じ家で暮らし，家産の分割を防止するのである。

　労働の分担にも都合がよい。耕地が狭いために農業だけでは生活ができず，チベット族の男たちはキャラバンの交易に出ることが多いが，兄弟の1人が長期不在でも，他の兄弟が家と妻を守ることができる。

　また，標高が4000mを超える過酷な環境の中では，人口が過剰になることを避けねばならず，一妻多夫は産児制限の効果もある。

　日本人や欧米人には，一対一の夫婦関係が自然であり当然だが，チベット族にとって，兄弟は同じ骨と同じ心を持つ一体であり，その一体が1人の女性を娶ることが結婚なのである。それでは生まれた子どもの父親は誰なの？　日本人なら当然の疑問だが，夫は1人ではなく，兄弟みんなが夫なのだから，子どもにとってみんながお父さんである。

　形態は異なるが，一妻多夫制の慣習は，カナダのイヌイット，インドのトダ族，ベネズエラのバリ族，ネパールやブータンでも見られる。

　ただ，そのような地域に共通するのは，跡取りや労働力として男子が重要視されたため，かつては女児の間引きの風習があり，男女の性比がアンバランスになっていたという事情もある。

3 毎日，風呂に入るのは日本人だけってホント？
―世界の風呂事情―

> 「あなたはお風呂は好きですか？」ある報道機関が20歳以上の男女2000人に質問したところ，94％が「好き」あるいは「どちらかといえば好き」と回答した。なにせ日本では人間ばかりじゃなく，サルだって温泉に入る。

🌐 風呂は世界普遍の文化なのか

　中国の内陸部に暮らすある民族は一生に3度しか風呂に入らないという。1度目は生まれたとき，2度目は結婚式の前に，3度目は死んだときだそうだ。日常生活の中で風呂に入るという習慣を持たない民族は世界には意外と多い。彼らはなぜ風呂に入らないのだろうか？　不衛生ではないのか？　発展途上国で文化水準がまだ低いからだと考える人がもしいたなら，それは偏見も甚だしい。あるマーケティング・リサーチ会社の調査によると，日本人の76％が毎日風呂に入ると答えているが，そのような民族はひょっとすると日本人だけかもしれない。世界の人々から見ると，夏でも毎日熱い湯につかる日本人の入浴習慣がむしろ理解できないようだ。

🌐 風呂を知らない人々

　アンデスに住むインディオの暮らしをレポートするために，日本の取材チームが彼らの村を訪れたときの逸話である。滞在が数日続いたが，当然，現地には風呂などはなく，日本人たちは小川に行き，上半身裸になってタオルで身体を拭いていた。しかし，日本人が何をしているのかインディオたちにはまったく理解できず，彼らはそのようすを奇異な目で眺めていたそうだ。

　アンデスの乾燥した高地では，身体の垢はこするとポロポロと

落ちるため，入浴はもちろん水浴も必要ない。これはチベットやネパールの高地に住む人々や，さらに西アジアやアフリカの乾燥地帯の遊牧民族も同じで，彼らは基本的に風呂には入らない。

🌐 世界の主流はシャワー浴

ヨーロッパでも，古代ローマ時代には日本のように浴槽につかる豊かな風呂文化があり，イタリア各地には大規模な公共浴場の遺跡が残されている。しかし，入浴を快楽とみなすキリスト教の広まりとともにこのような風呂文化は完全に廃れてしまった。現在の欧米では**シャワー浴**で済ませる人が多く，浴槽に湯をためてつかることはあまりしない。

欧米と日本には他にも様々な入浴習慣の違いがある。たとえば日本人は夜に入浴するが，欧米の人々は朝にシャワーを浴びることが多い。ゆったり湯船につかって一日の疲れを癒すのが日本人の入浴スタイルだが，欧米の人々にとって，入浴は顔を洗ったり歯を磨いたりするのと同じ衛生行為の一つで，一般に朝に行う。

シャワー設備がない場合は，バスタブにぬるめの湯を入れて入浴することはあるが，たとえ家族同士であっても湯は必ず入れ替え，他人と同じ湯を使うことは絶対にしない。湯を交換せず，みんなが同じ風呂に入る日本人が信じられないという。

親子が一緒に風呂に入るのは日本ではむつまじい光景だが，欧米では子どもに幼児のうちから1人で入浴する習慣を身につけさせる。アメリカでは，もし父親が娘と一緒に風呂に入ろうものなら，性的虐待と見なされ，犯罪になりかねない。

地理的に日本に近い中国や韓国の場合も，シャワー浴が主流である。日本の統治時代が長かった韓国には日本の銭湯のような場

所があって現在でも利用する人々が多いが、一般家庭ではやはりシャワー浴が中心だ。

東南アジアやアフリカの熱帯地域は水浴が一般的だが、近年、都市部などではシャワーも普及している。

なお、日本人には風呂とトイレが同じ部屋になっていることになじめない人が多いが、外国人にとっては風呂とトイレが別になっているのが不思議だそうだ。これは洗面台を加えて水回りを1室に集中させるほうが機能的と考えた欧米のホテルから始まり、今では世界の一般的なスタイルになっている。

🌐 風呂の起源は蒸し風呂にあり

風呂の形態にはシャワーや浴槽以外に、**熱気浴**や**蒸気浴**もある。大量の水と燃料を必要とする浴槽形式の風呂は世界では少数派であり、水道システムの整備が必要なシャワーの普及は20世紀以降であって、閉め切った部屋の中で火を焚いたりして空気を熱する熱気浴や、焼け石に水をかけたりして発生させた蒸気を室内に充満させる蒸気浴が、かつては世界各地で普遍的に見られた入浴方法である。フィンランドなど北欧で発祥したサウナが有名だが、日本でも浴槽形式の風呂が普及する以前には釜風呂と呼ばれた蒸し風呂が存在していた。蒸し風呂は朝鮮半島や中国でも見られる。また、病気治療や心身の清浄などを目的として、かつては南北アメリカ大陸の先住民やアフリカの部族のあいだでも熱気浴や蒸気浴の風習が見られた。

人は何のために風呂に入るのだろう？ 清潔、健康、楽しみ、儀礼、理由は国によって百様、その形態も習慣も千差万別である。

日米の入浴習慣の比較

〈資料:「Johnson & Johnson」HP, バルクマーケティングリサーチサービス等〉

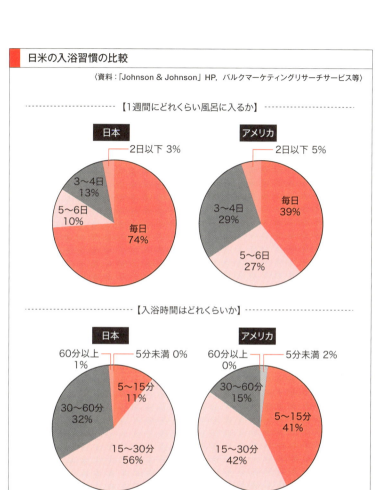

4 ヨーロッパにも露天温泉はあるのだろうか？
―ヨーロッパの温泉利用法―

阿部寛と上戸彩の主演映画『テルマエ・ロマエ』が大ヒットしたが，テルマエとは古代ローマの公衆浴場のこと。ローマ人も温泉は大好きだった。今のヨーロッパにも源泉かけ流しの露天風呂ってあるのだろうか。

🌐 バス（風呂）とスパ（温泉）の語源

　英語で風呂はバス（bath），温泉はスパ（spa）という。どちらもヨーロッパの地名が語源になっていることをご存じだろうか。

　イギリスの首都ロンドンから180kmほど西に**バース（bath）**という小都市がある。バースの歴史は古く，2000年以上も前に先住のケルト人が温泉を発見し，この地がローマ帝国の支配下になると大浴場がつくられ，保養地として繁栄した。ローマ撤退後は一時廃れたが，16世紀，エリザベス女王の時代に温泉地として復活し，以来，貴族や上流階級の保養地として栄え，現在は世界遺産に指定されている。異説もあるが，このバースという地名が風呂を意味するバスの語源になったといわれている。ドイツ南部のバーデンバーデンは日本でいえば熱海や別府にあたるドイツ最大の温泉地だが，この町の名もbathから転化してドイツ語で入浴という意味の"bade"に由来する。

　温泉を意味する**スパ（spa）**も，ベルギー東南部の温泉地の名に由来する。スパは14世紀頃からヨーロッパの王侯たちの保養に利用され，「撒き散らす」という意味のラテン語の"Spargere"が町の名の語源となった。スパには300もの源泉があり，宿泊施設も整っており，2004年には炭酸水のジェットバスや最先端のジャグジー，屋外の温泉プールなどを完備した大規模な温泉施

世界の温泉分布

〈© 神奈川県温泉地学研究所〉

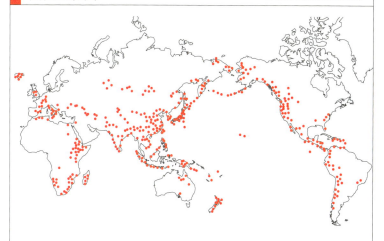

温泉は世界各地で湧出しているが、その分布には偏りが見られる。当然、火山帯とは一致しているが、火山のない地域でも、褶曲帯、断層帯に多くの温泉が見られる。

ミネラルウォーター「SPA」

〈© マクロファイブ株式会社〉

設が完成し，国内外から多くの人々が訪れる。

　ただ，現在のヨーロッパの人々にはスパ（spa）は温泉地の名としてではなく，ミネラルウォーターのブランドとしてなじみがある。「**SPA**」はすでに16世紀には海外へ輸出され，現在では年間売上額が2億ユーロを超えるヨーロッパを代表するミネラルウォーターである。世界シェアがNo.1のミネラルウォーターといえば，日本人にも人気の「**エビアン**」だが，エビアンもフランスとスイス国境付近の温泉地の名である。

🌐 ヨーロッパの温泉文化

　イギリスやベルギー以外にもヨーロッパには多くの国に温泉があるが，その利用方法は日本とはかなり違いがある。その一つは，スパやエビアンのように，健康法の一つとして温泉水を飲むことだ。数億年前の地層から湧出するヨーロッパの温泉水は，地下の滞留期間が長いため，多くのミネラル分をバランスよく含んだ口当たりのよい硬水が多く，**飲む野菜**とも呼ばれてきた。現在でもＥＵ諸国の1人あたりのミネラルウォーターの消費量は日本人の10〜20倍になるという。

　もちろん，温泉に入る，つまり，日本のように浴槽の湯に身体を浸すこともする。ただし，温泉浴の目的は健康や療養で，日本のように，リラックスや楽しみではない。バースやスパは，現在もヨーロッパ屈指の温泉保養地であり，入浴施設が充実している。もっとも，浴場は日本のように男女別に分かれておらず，混浴になっているが，裸ではなく水着を着用するスタイルが一般的で，風呂というより温泉プールのイメージである。温泉温度は高くても36度くらいまでで，40度以上でないと風呂に入った気分がし

ない日本人には物足りないだろう。p.127で触れたように，日本人のように熱い湯に体を浸す入浴習慣がないヨーロッパ人には湯という概念は乏しく，そもそも"湯"に相当する英語やドイツ語がない。

　水着で入るプールゾーンとは別に，サウナゾーンを併設しているところが多いのもヨーロッパの温泉施設の特色である。こちらのほうもやはり混浴だが，ただ，サウナを利用する際には水着はNGであり，男女とも裸が基本だそうだ。若い女性でも一糸まとわぬ姿で堂々と闊歩しているというが，気になる方はぜひ現地を訪れ，真偽を確かめられたい。

世界最大の露天温泉ブルーラグーン（アイスランド）

〈撮影：Mckay Savage〉

　北極圏に近い火山国アイスランドのブルーラグーンは，50mプール4個分の5000㎡の広さがあり，露天温泉としては世界最大である。

5 インド人がカレーを手で食べるのはなぜ？
―世界の食事事情―

> 手食を不衛生・不作法と思うのは日本人の偏見。インドの人たちは誰が触れたかわからないスプーンより，身体の一部である手のほうが清潔だと考える。

🌐 手食は世界の 40％

　世界の人々が食事を摂る方法は，**手食**，**箸食**，**ナイフ・フォーク・スプーン食**の 3 つに分類される。世界の人口に占めるそれらの比率は 4：3：3，手食つまり手づかみで食事をする人がもっとも多い。今でこそナイフやフォークを使って食事をする欧米の人たちも，つい 300 年前までは手食が一般的で，ルイ 14 世やエリザベス女王も豪華な宮廷料理を手づかみで食べていたそうだ。現在でも，欧米人はパンを食べるときは手でちぎったり，そのままかぶりついたりしており，日本人だっておにぎりを食べるときは手づかみだ。しかし，インド料理店でカレーライスを食べるとき，手食する日本人はいない。

　それでは，インド人がカレー料理を食べるときにスプーンを使わず手食するのはなぜだろうか。ヒンドゥー教の教義では，あらゆる食べ物は神から与えられた神聖なものであり，それに触れてよいのは清浄な右手だけなのだ。他人が触れることのある食具は不浄なもので，食具を使うことは食べ物を汚すことになる。とくにカースト社会のため，異なる階層の人との接触を忌み嫌うインドでは，下層民が触れたかもしれない食器を使うことは絶対にしてはならないことだ。

　食べ物を神聖なものと捉え，手食を清浄とする慣習はイスラ

ム世界にも広く浸透している。ヒンドゥー教やイスラム教では，右手が清浄，左手が不浄であり，食事の際には右手，トイレでは左手を使うことが厳格に定められている。食事以外でも，人にものを渡すときや握手をするときは必ず右手で行い，不浄とされる左手を使ってはならない。

また，手食の際，インドでは男性は5本の指を使ってよいが，女性が使ってよいのは親指・人差指・中指の3本だけ，イスラム圏の人々は中指と人差し指で食べ物を集めて親指で支えて口に運ぶのが作法とされている。北アフリカに住むイスラム教徒であるベルベル人のあいだには「一本指で食べるのは憎しみの象徴，二本指で食べるのは傲慢，三本指で食べることがムハンマドの教え，

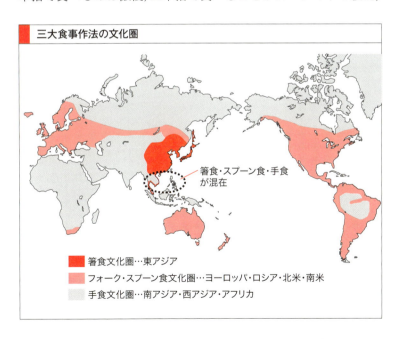

三大食事作法の文化圏

箸食・スプーン食・手食が混在

■ 箸食文化圏…東アジア
■ フォーク・スプーン食文化圏…ヨーロッパ・ロシア・北米・南米
□ 手食文化圏…南アジア・西アジア・アフリカ

第3章 日本人が気になる世界文化の疑問

四本や五本指は大食漢」ということわざがある。手食といっても，どの国にもきちんとしたマナーがあるわけだ。なお，東南アジアでは，手食にスプーンなどを併用する人たちが近年は増えている。

🌐 箸食の歴史は 3000 年

　箸の起源は古く，中国ではすでに春秋戦国時代（BC8 〜 3 世紀）には使われていた。中華料理には，焼く・炒める・煮るなどの加熱調理が多いが，熱い食べ物は手で直接触れることができないので箸を使うようになったと考えられている。日本では飛鳥時代以降に，貴族社会で徐々に箸食が広まり，平安時代には庶民のあいだにも食事に箸を使う習慣が浸透した。

　箸が優れているのはその多彩な機能である。ナイフ・フォーク・スプーンは，それぞれが切る・刺す・すくうといった単一の機能しか果たさないが，箸はたった 2 本の棒だけで，はさむ・裂く・混ぜる・すくう・くるむ・運ぶなどいったことをすべてしかも片手でこなす優れものなのだ。

　箸食は東アジアから東南アジアへかけて広く普及している。ただ，日本人はすべての料理を箸のみで食べるが，他の国々ではスプーンなどを併用する場合が多い。たとえば汁物の場合，和食では右手に箸，左手に椀を持つが，中国や東南アジアでは，スープ類を飲むときはスプーンや匙を使い，容器を持ち上げるのはマナー違反とされる。

食具の並べ方

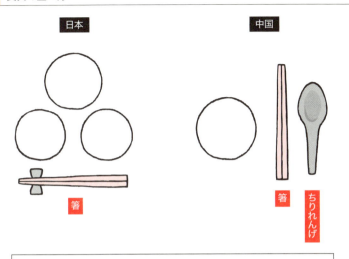

和食では箸を手前，横に置くが，中華料理では右横，縦に置く。

左右に並べられているナイフ・フォーク・スプーンは，料理のメニューに沿って外側のものから順番に使う。

6 ソーセージといえばなぜドイツなのだろうか？
―ドイツの風土と食文化―

1人のドイツ人が一生のあいだに消費する肉の量を動物の頭数に換算すると，牛4頭に対し，豚はなんと46頭，とにかくスゴイ！

🌐 ドイツ人とソーセージ

「ソーセージにはソーセージ（目には目を）」

「ハムを求めてソーセージを投げる（エビで鯛を釣る）」

「ソーセージを焼いてくれれば一杯飲ませる（魚心あれば水心）」

ドイツにはソーセージにまつわることわざが多い。昔からソーセージはそれだけドイツ人の生活に密着している。

ドイツでは，1年間に約6000万頭の豚がソーセージに加工され，国民1人あたり年間84本（約30kg）のソーセージを食べている。これは日本人の約5倍の消費量でもちろん世界一だ。ドイツには約1500種類のソーセージがあり，年間販売額は6400万ユーロ（約8500億円），もちろんダントツの世界一である。

ドイツでこのようにソーセージ作りがさかんなのは，この国の厳しい自然が背景にある。ドイツは近隣のフランスやイタリアに比べると，北に位置し，気候が冷涼で，氷河に削られた土地はやせている。そのため生産性の高い農業が行えず，農耕と家畜の飼育を組み合わせた**混合農業**が発達した。家畜の中でも雑食性の豚は飼育効率が高く，糞尿は地力の増進に有効で，冷蔵庫などがない時代，長く厳しい冬を過ごすために豚肉から作るソーセージは命をつなぐ貴重な保存食であった。

農家は，春に子豚を買って秋まで育て，冬になる前に太らせた

豚をソーセージに加工する。肉はもちろんのこと，血，皮，内臓，大腸，膀胱など爪と骨以外のほぼすべての部位を使って作るのがこの国の伝統的なソーセージ作りだ。

ハムとソーセージの違い

ハムもドイツ人がよく食べる豚肉の加工食品である。違いは，ソーセージが挽肉を塩や香辛料と練り合わせて腸詰めし，湯煮や燻煙処理をするのに対し，ハムは，肉の塊のまま塩や香辛料などを水で溶かした液に浸け込んで熟成させたのちに湯煮や燻煙処理をして作る。

また，ソーセージでも一般には太さが20mm未満のものが**ウィンナーソーセージ**，20mm以上36mm未満のものが**フランクフルトソーセージ**，それ以上のものは**ボロニアソーセージ**という。

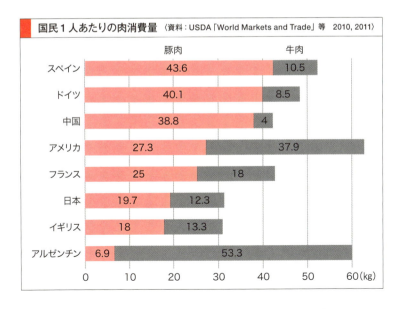

国民1人あたりの肉消費量 〈資料：USDA「World Markets and Trade」等 2010, 2011〉

7 イギリス料理はホントにまずいのか？
―イギリスの歴史と食文化―

日本人にはイタリアンやフレンチなど欧風料理が好きな人が多いが、イギリス料理には馴染みがない。何か有名なイギリス料理の名を挙げよと問われて一つでも答えることのできる人がどれくらいいるだろうか。

🌐 イギリス料理ってどんな料理？

かつて、フランスのシラク大統領が「まずい料理を作る国は信用できない」とイギリスを揶揄した話は有名だが、イギリスのあの大政治家チャーチルでさえ「大英帝国が発展したのは、イギリス料理がまずいので海外においしい食べ物を求めたからだ」と自虐的なジョークで自国の料理のまずさを認めている。イギリス料理がまずいというイメージは世界的に定着してしまっている。しかし、イギリス料理はホントにまずいのだろうか？　そもそもイギリス料理ってどのような料理だろう？

フランス料理やイタリア料理に比べると、<u>イギリス料理は食材の種類が少なく</u>、調理法も単調で、肉ならローストかグリル、魚ならフライ、野菜は茹でるというふうにワンパターンで多様性がない。イギリスの料理人は料理に時間や手間をかけず、食材に火を通すだけで調理はしても調味はしないとまでいわれている。そのため、料理には味がなく、イギリスのレストランではテーブルに塩、胡椒、各種のソース、マスタード、マヨネーズなど様々な調味料がずらりと並んでおり、客は自分の好みに味付けをするのがイギリス料理の食べ方だ。なお、出された料理に調味料を付け足す行為はフランスやイタリアのレストランではシェフを侮辱することになり、タブーとされている。

日本国内のおもな国別地域別料理の店舗数

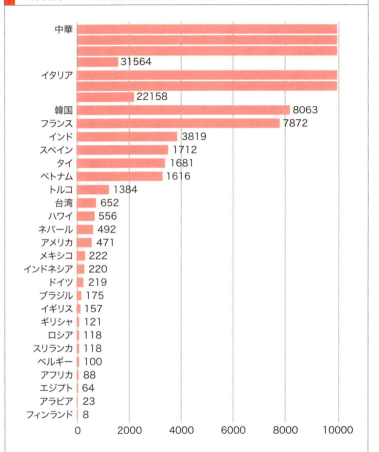

　この数値は人気のグルメサイト「食べログ」に登録されている約80万店の飲食店のうち，国別地域別料理で検索すると表示される店舗数である。ただし，必ずしもイギリス料理店と登録されているわけではなく，他の料理とともにイギリス料理も提供する店も含まれている。アジア系や南ヨーロッパ系が多く，イギリスなど北ヨーロッパ系，中東系，アフリカ系が少ない。ちなみに和食で登録されているのは27万3102店，寿司3万5760店，地方別では沖縄料理が3077店である。

🌐 イギリスに美食文化が発達しなかったワケ

　イタリアやフランスのように，イギリスにはなぜ美食文化が発達しなかったのだろうか。理由はいくつか考えられるが，まず，気候風土が背景にある。イギリスは温帯気候に属するが，ヨーロッパの中では比較的高緯度に位置し，冷涼で日射量が少ない。そのため，農業は酪農や穀物栽培が中心で，近代以降はジャガイモ生産もさかんだが，フランスやイタリアなど南ヨーロッパの国々に比べると，野菜や果実類が乏しく，食材の種類が少ない。

　宗教的な事情もある。南ヨーロッパのカトリックの国々には，食事を楽しむというローマ帝国時代からの美食文化の伝統があるが，禁欲を重視するプロテスタントの多いイギリスでは，質素な食生活が求められた。とりわけ，市民革命後，清教徒の勢力が増すと，贅沢な食事は罪悪とされた。フランス革命後，それまでの特権階級の料理が大衆化されて庶民にも美食文化が広まり，これを革命の成果であると捉えるフランスとは対照的である。

　19世紀に始まった産業革命の影響も大きい。産業革命の進展によって労働者人口が急増し，19世紀末にはイギリス国民の4分の3が都市に住むようになったといわれる。しかし，当時の労働者階級の暮らしは劣悪で，彼らの狭い住居には水道や台所がなく，まともな料理を作ることができなかった。パンとジャガイモが当時の労働者の食事のほぼすべてであり，あとはバターや紅茶が付くことがあるという程度で，肉は贅沢品であった。1870年代に北海でタラの漁獲量が増えると，それをフライにして，ポテトフライを添えたフィッシュ・アンド・チップスが労働者の食べ物として広まるが，これが現在でもイギリスを代表する料理と

なっている。

　このような歴史や文化の中で現在のイギリスの食文化が形成されたわけである。ただ，それを貧弱とか未熟と決めつけるのは間違っている。多彩な料理や多様な料理術だけが食文化ではない。和食の場合も，京懐石のような高級料理もあれば，盛りそばのようなシンプルな料理もあり，本来，食文化は国や地域ごとに多様で独自性があり，そこには優劣などはない。イギリスはフランスとともに近世以降の世界をリードしてきた国だけに，フランスと対比して見られることが多いが，フランスがあまりにもグルメ大国として知られているため，イギリスは食べ物がまずいとことさら強調されてきたのだ。シンプルなイギリス料理は長い歴史の中でイギリスの人々の中に根付いた料理である。また，イギリスでは料理に合わせ，ウイスキーや紅茶などを飲むが，これらは世界から高い評価を得ている。

イギリスの代表的料理フィッシュ・アンド・チップス　　撮影：RobinMiller

地下鉄車内で飲食すると500ドル！シンガポールの罰金制度が厳しいのはなぜ？

電車やバスの中でペットボトルのドリンクを飲んでも日本では誰からもとがめられないが，シンガポールでは500ドルの罰金だ。なぜ？？

🌐 罰金制度の国シンガポール

シンガポールは"Fine Country"と呼ばれているが，直訳すると「美しい国」「素晴らしい国」である。確かにこの国は治安がよく，街並みも美しい。しかし，"Fine"という言葉には，もう一つまったく別の意味がある。それは「罰金を科する」という意味である。シンガポールは日本人の感覚からは「エッ何でそこまで？」と思えるほど超厳格な罰金制度が徹底された国なのだ。

道路へのゴミのポイ捨てや唾を吐くのはもちろん罰金，自宅であっても勝手に庭の樹木を伐採すると罰金，泥酔してベンチで寝込むと罰金，国内へチューインガムを持ち込むと罰金，違反者には海外からの旅行者であろうと容赦なく罰金が科せられる。

罰金以外にも，同性愛者には鞭打ちの刑，煙草の吸い殻を道路脇の排水溝に捨てた人に「強制労働の奉仕」と書かれた蛍光色のベストを着用させて，道路など公共の場所で3時間の清掃作業命令，公営住宅の窓から外へ物を投げ捨てると，政府が強制的に家を買い上げ，その後5年間は公営住宅に住まわせないなど，とにかく法律を犯した者に対する刑罰の厳しさはハンパじゃない。

🌐 なぜ，そんなに厳しいのか

「国民の私生活に干渉しすぎると非難されるが，その通りだ。しかし，もし政府がそれをしてこなければ，今日のわが国の経済

発展はあり得なかっただろう。何が正しいのかは政府が決める。国民がどう思うかは気にしていてはいけない」——建国以来，首相として30年以上もこの国を指導し，現在のシンガポールの繁栄を築き上げたリー・クアンユーの言葉である。

　彼はこの国の近代化を進めるため，徹底した管理や規制を強めた。たとえば，今でこそシンガポールは公園，街路樹，住宅など緑豊かな都市だが，そのほとんどは1960年代から進められた緑化政策によって植えられた外来種の樹木だ。緑を増やし，それを適切に維持管理していくことは，この国の重要な政策であり，そのため，法律によってたとえ私有地であっても許可なしに樹木の伐採や移植をすることを禁じ，長く伸びた雑草の除去や芝の手入れなどを適切に行うよう国民に義務づけたのである。

　この国が，言語・宗教・習慣などの異なる人々が住む**多民族国家**であるという背景もある。マレー人を中心に国民の約15％は敬虔なイスラム教徒だが，彼らは飲酒をせず，非イスラム教徒の酔っぱらいが街に増えると，無用なトラブルが増える。また，かつては，この国の華人（中国系住民）たちにとってゴミを住宅の窓から外へ捨てるのは日常の習慣で路上は当然ゴミだらけ，公園内やエレベータ内で平気で排便する人もいた。このように生活習慣や価値観が異なる多様な住民が混在するシンガポールでは，いくら欧米風のモラルやマナーを説いても効果は期待できない。民主主義を標榜し，欧米のように市民の自由を優先させるとこの国は崩壊してしまうと考えたリー・クアンユーは個人の利益や人権よりも社会の安定や秩序を優先させることによって国家の統一と発展を目指したのである。

🌐 そして現状は……

　今やシンガポールの1人あたりGDPは世界第9位（2014），これは日本の27位を上回り，中東を除くアジアでは最高位である。さらに，アメリカの調査会社が発表した「世界の住みやすい都市ランキング」でも，シンガポールは2015年まで15年連続でアジアNo.1に選ばれた。インフラが充実し，清潔で安全な都市として高い評価を受けている。

　しかし，街の景観は美しくなったが，この国の人々の公共心や道徳心はホントに変わったのだろうか。公共交通機関内の飲食は法律によって禁止されているが，屋台街が多いシンガポールでは食べ歩きは伝統文化の一つであり，規制のないデパートやショッピングモールの中では食べ歩く人々がやたら多い。携帯電話の使用については法規制がなく，地下鉄車内であろうと高級レストランの中であろうと，どこでも人目をはばからず，大きな声で話し出すのはこの国ではごく普通の光景だ（スマホの普及で最近はやや減ったそうだが…）。バスや地下鉄に乗車する際も日本人のようにきちんと並んで待つことはせず，電車が到着すると後ろからの割り込みは当たり前，降りる人を優先することもしない。

　確かに彼らは罰金対象となるルールはよく守るが，日本人から見れば「それは当たり前のマナーでしょう」と思うことでも法規制がなければ無頓着になることが多い。今はまだこの国の秩序は管理と規制によって保たれている。しかし，環境が人をつくるといわれるように，やがては，罰金などで拘束しなくても人々がモラルとマナーを向上させ，シンガポールが世界の国々の模範となる真の"Fine Country（美しい国）"になることを期待したい。

まだまだあるシンガポールのこんな法律

◎ 植木鉢の受け皿に水を入れたままにしてはいけない

シンガポールではデング熱などの感染症の患者が年間数万人にのぼる。それらを媒介している蚊の発生源を絶つため、環境庁職員が予告なしで各家庭を訪問し、バケツや植木鉢の受け皿などに水を溜めたまま放置し、ボウフラを発生させていないかをチェックする。違反すると最大1000ドルの罰金、または3カ月以下の懲役である。

◎ 車のガソリンはタンクに 3/4 以上入れておくこと

この法律はシンガポールから隣国のマレーシアに出国する車を対象としている。マレーシアのガソリン価格はシンガポールの半分以下なので、以前は給油のためにマレーシアに行く人が多く、政府はガソリン税の収入を増やすため、給油目的の車を取り締まる3クォータータンク法を制定した。違反者には500ドルの罰金が科せられる。

◎ 家の中でも裸でいると逮捕される場合がある

公共の場所で裸でいると日本でも軽犯罪だが、シンガホールでは自宅などの私的な場所であっても、外から第三者に見える場所で裸になってはいけない。バスルームから出て裸のまま自室でくつろいでいた男性が、向かいのマンションから目撃した住民に通報され、逮捕された例がある。2000ドル以下の罰金または3カ月以下の禁固。

◎ **公園で野鳥や動物への餌やりの禁止─罰金10000ドル**

◎ **無許可の路上パフォーマンス（ダンスなど）の禁止─罰金5000ドル**

◎ **公共のトイレで使用後に水を流し忘れると処罰─罰金1000ドル**

◎ **横断歩道や歩道橋以外の場所での道路横断の禁止─罰金50ドル**

◎ **地下鉄を利用する場合、改札を通ってから4つ目の駅までは40分以内に改札を出なければならない─違反金2ドル**

◎ **公共の建物に落書きをすると鞭打ちの刑** など

※罰金額は基本であって、実際は初犯や再犯などにより異なる。

他にもある世界のこんな法律

◎ 子どものおしりを叩く体罰は合法 〈アメリカ〉
教師や親が教育的な観点から子どもを叱るとき，素手や木の板で衣服の上からお尻をたたく体罰は多くの州で認められている。

◎ 生きているロブスターの調理は禁止 〈オーストラリア〉
カニやエビの活け作りや生きたままボイルするのは動物虐待にあたる。ロブスターを調理するときは苦痛を与えないよう10秒以内に素早く脊髄を切って処理しなければならない。

◎ 飼い主は犬の散歩をサボってはいけない 〈イタリア＝トリノ〉
犬の健康とストレス発散のため，飼い主は1日に3回以上犬を散歩させなければならない。また，自分だけが自転車に乗り，犬を走らせるのは犬を疲れさせ，虐待になるのでやってはいけない。

◎ 金魚を金魚鉢で飼ってはいけない 〈イタリア＝モンツァ〉
水槽が球面だと，中からは外の景色が歪んで見え，金魚に苦痛を与える。また，金魚鉢はろ過機がなく，酸素供給が不十分。

◎ 窓辺に花を飾らなければいけない 〈スイス〉
街並みの景観をよくするため，表通りに面した住宅の窓に花を飾ることを法律で義務づけている町がある。

◎ 別居する60歳以上の親がいる場合，子どもは定期的に帰省しなくてはならない 〈中国〉
一人っ子政策によって少子高齢化が進んだための老人福祉政策の一環。労働者は，帰省のための有給休暇を年に20回とることができ，会社は帰省のための旅費の7割を補助しなければならない。

◎ 看板に誤字があると罰金 〈ブラジル＝ポウゾ・アレグレ市〉
ブラジルではまだ文字の読み書きができない人が多く，商店などの看板の文字が間違っていると，誤字を覚えてしまうから。

◎ 国の指導者と同じ名を使ってはいけない〈北朝鮮〉
国民はキム・ジョンウン（金正恩）第1書記と同じ「ジョンウン」の名を，姓が違う場合でも使うことができず，すでに同名の人は強制的に改名させられた。ジョンウンの父ジョンイル（正日）や祖父イルソン（日成）の名の使用も禁止されている。

◎ 遊園地では「くまのプーさん」の絵を禁止〈ポーランド＝トゥシン〉
プーさんは下半身に何も着用していない半裸の状態で，性別もわからず，子どもたちの目に触れさせるべきではない。

◎ 姦通罪は石打ち刑〈イラン〉
厳格なイスラム法に基づき，姦通罪や同性愛は死ぬまで石を投げつける死刑。窃盗罪は手首切断。

◎ 女性は自動車の運転をしてはいけない〈サウジアラビア〉
運転以外にも，女性は銀行やレストランなどで働くことができず，結婚や旅行には男性の後見人が必要となるなどイスラム法の教義による様々な制約がある。

　シンガポールの他にも，日本人の感覚では「エッなんでそこまで」とか「ちょっとやりすぎでしょ」と思える法律が世界には多々ある。当然，それらの法律の背景には，それぞれの国の歴史や文化，政治体制などの諸事情があるわけで，どの国も自分たちの価値観で他国の法律に干渉することはできない。しかし，人権の尊重は時代や国を超えた普遍の原則であり，いかなる国であっても法は為政者のものではなく，国民の生命や生活を守るものでなければならない。

世界には，左側通行と右側通行の国があるのはなぜ？

日本では車は道路の左側を通行するが，海外へ行くとほとんどの国が右側通行なのはなぜだろう？　日本以外に左側通行の国ってあるのだろうか？

🌐 左側通行の事情

「人は右，車は左」，日本人なら誰でも物心が付いた頃から知っているこのルールができたのは，戦後間もない1949（昭和24）年の道路交通取締法の改正後のことだ。実はそれまで日本では人も車も左側通行が原則だった。

すでに江戸時代には，道幅の狭い日本ではすれ違いの際に左側を通ることが慣習になっていた。このことは，5代将軍綱吉の頃の1691年にオランダ商館の医師として来日したドイツ人ケンペルがまとめた『江戸参府旅行日記』の中に記述されている。

左側通行になった理由として，武士が道ですれ違うとき，右側を通ると左腰に差した刀の鞘同士が当たるのでそれを避けるためとか，敵と対面したとき，左側にいるほうが刀を抜きやすいからだとか，そんな説があるが真偽は不明だ。武士は当時の人口のほんの数％，一般庶民はどうだったのかという疑問が残る。明治に入って文明開化の時代を迎えると，馬車の往来が増え，鉄道が開通し，車も人も左側を通行することが法制化される。

海外はどうだったのだろうか。古代ローマ帝国でも遺跡に残された轍のあとから，荷車が左側通行をしていたことが明らかになっており，ヨーロッパも近世以前は左側通行が一般的だったようだ。古代エジプトが左側通行をしていたという考古学者もい

る。つまり，左側通行は世界共通だったわけだ。

その理由として興味深い説がある。人の心臓は左側にあるので，これを守ろうと人は本能的に左側を歩くのだとか，右利きの人は右足を強く蹴って歩くので自然と左寄りになってしまうのだという説だ。確かにいくら小さい頃から学校で右側歩行を教えられても，人は商店街や地下街，駅の階段など人混みの中では左側を歩く傾向がある。生理学や人類学の専門家のこの説に対する見解を聞いてみたいものだ。

右側通行の事情

しかし，現在では日本のように車が道路の左側を走行している国は世界では少数派で49カ国，全体の1/4ほどの国々にすぎない。これを距離で見ると，実に世界の道路の約90％は右側通行である。本来は人も車も左側通行が主流であったはずなのに，なぜ車は右側通行の国が増えたのだろうか。

その理由として，近世以降，ヨーロッパで大型馬車が普及したことが考えられる。大型馬車では御者は車の左側に座る。御者は右手で鞭をふるうが，馬を並べて繋ぐ大型馬車では，左側に座る

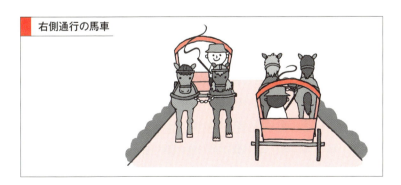

右側通行の馬車

ほうが鞭の操作に都合がよいのだ。そして，馬車同士が道路ですれ違うときに鞭と鞭がぶつからないように，また左側に座った御者から対向の馬車が見やすいように，馬車は道路の右側に寄せて走るようになった。1794 年，フランス革命後のパリでまず馬車の右側通行が法律で決まり，1800 年代初頭，ナポレオンがヨーロッパ大陸を支配下に収めると，それが一気にヨーロッパ中に広まる。開拓のため，大型馬車が発達したアメリカでも右側通行が採用されたが，ナポレオンと対立していたイギリスは，国土が狭く，大型馬車があまり普及していなかったこともあって，その後も左側通行が維持された。

そして，現在ではオーストラリア，インド，東アフリカ諸国などかつてイギリスの植民地だった国々では本国と同じ左側通行が採用されているが，世界の多くの国は欧米で主流となった右側通行を採用するようになった。

🌐 船や飛行機はどっち側通行？

陸上では右側通行と左側通行の国があるが，世界中につながっている海では，安全航行のためにどこの国の船であっても右側を航行することが万国共通の原則である。空も海以上に広いのだがらどこを飛んでもよさそうなものだが，やはり飛行機も右側通行が国際ルールだ。

ちなみに船は接岸するときに左舷を岸に着けるが，これはかつてヨーロッパの船は，舵が右手で操作しやすいよう中央でなく右舷にあり，船は舵を破損しないよう必ず左舷から接岸したためだ。そのルールが飛行機にも適用され，電車やバスは右側から乗降する国でも，空港での旅客機の乗降は左側である。

自動車の左側通行と右側通行の国々

〈資料：「world standards」〉

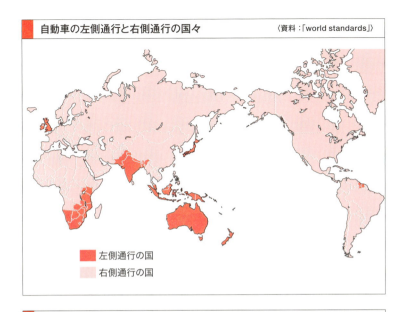

■ 左側通行の国
■ 右側通行の国

フランス・パリの右側通行

第3章 日本人が気になる世界文化の疑問

『ドラえもん』がアメリカで40年間放映されなかったワケ

サッカー界のスーパースターであるメッシ（アルゼンチン）やジダン（フランス）は『キャプテン翼』の影響を受け，サッカーを始めたという。日本アニメは海外でも人気である。しかし，よい評判ばかりではない。

🌐 日本アニメはなぜ世界で支持されたのか

　日本のアニメは1970〜80年代に本格的に海外進出を始め，今や"ANIME"や"MANGA"は世界で通じる言葉になっている。各国語に翻訳された関連コミックが次々と出版され，ポケモンやドラえもんなどの関連グッズは海賊版が多発するほど売れ行きが好調である。もう10年以上も前になるが，あるテレビ番組で「世界に進出した日本の人気アニメベスト100」というランキングが発表された。結果を見ると『ドラゴンボール』や『ポケモン』など特定の人気アニメだけではなく，多くの日本アニメが世界中の人たちの心をつかんでいることがわかる。

　日本アニメが海外で人気を博している理由は何だろうか。第一に考えられるのは，日本アニメは子どもから大人までが楽しめる高いクオリティを持っていることだ。海外では，アニメといえば10歳くらいまでの小さな子どもが見るものとされ，ストーリーよりもスピーディーな映像展開が特徴のシンプルな短編ものが主流だったが，日本アニメには，アクション，SF，スポーツ，青春もの，童話など10代を中心に幅広い年齢層の人が楽しめるストーリー性の豊かな作品が多い。

　次に，アニメ作品の制作には通常のテレビ番組の制作より，資金力・企画力・技術力などが必要だが，アメリカと日本以外には

世界に進出した日本のアニメ

〈資料：テレビ朝日，wikifarm 等〉

	（支持者数）	（放映国数）
① ドラゴンボール	622 人	70 カ国
② ポケットモンスター	488 人	93 カ国
③ セーラームーン	473 人	40 カ国
④ ドラえもん	430 人	35 カ国
⑤ キャプテン翼	393 人	50 カ国
⑥ とっとこハム太郎	380 人	36 カ国
⑦ アルプスの少女ハイジ	359 人	40 カ国
⑧ クレヨンしんちゃん	357 人	47 カ国
⑨ 鉄腕アトム	319 人	40 カ国
⑩ デジモンアドベンチャー	297 人	60 カ国
⑪ ルパン三世	265 人	40 カ国
⑫ Dr. スランプアラレちゃん	260 人	28 カ国
⑬ ジャングル大帝	251 人	20 カ国
⑭ 聖闘士星矢	236 人	80 カ国
⑮ タイガーマスク	213 人	42 カ国
⑯ ベルサイユのバラ	199 人	23 カ国
⑰ 北斗の拳	186 人	40 カ国
⑱ 母をたずねて三千里	183 人	40 カ国
⑲ アタック No.1	179 人	30 カ国
⑳ 忍者ハットリくん	178 人	17 カ国

支持者数は世界各国の 1000 人を対象に好きなアニメを調査(2004)，放映国数は wikifarm 等を参照(2015)。2004 年の調査時には放映されていなかった『NARUTO』が現在では世界 80 カ国以上，劇場版では『崖の上のポニョ』が約 60 カ国，ＮＨＫ制作のアニメ版『どーもくん』は 100 カ国以上で放送されている。

アニメ番組を商業レベルで制作できる環境を持った国がほとんどないことも大きな理由だ。そのため，放映権を安く購入でき，視聴率で実績のある日本アニメが多くの国で重宝されている。

また，1980年代からアジアやアフリカの新興国で急速にテレビが普及し始めたのも，日本アニメの広まりを後押ししている。

🌐 日本アニメを禁止した国々の事情

『ドラえもん』は1980年代には東南アジアやヨーロッパで，90年代以降は中東や中南米でもテレビ放映されるようになった。とくに東南アジアでの人気は現在でも絶大で，視聴率が70％を超えることもあり，SONYやHONDAを知らなくてもDORAEMONは大人たちでも知っているという。

アメリカでは2014年からドラえもんのテレビ放送が始まった。しかし，ドラえもんがテレビアニメ化されたのは1973年だから，なんとドラえもんのアメリカ進出には41年も費やしたことになる。なぜだろうか。アメリカでは教育上の観点から子ども向けのテレビ番組には厳しい基準が定められており，ドラえもんがそれに引っかかっていたのだ。

のび太は自分の力で困難を克服しようとせず，いつもドラえもんの道具ばかりに依存する自信なげで怠惰なキャラクターが失格，叱ってばかりいる母親，気に入らないことがあるとすぐ人を殴るジャイアンも失格，しずかちゃんでさえ女の子らしさを強調しすぎでジェンダーへの偏った意識を感じさせるのは問題ありとされ，ドラえもんがどら焼きをドカ食いするシーンも子どもたちの食習慣に悪影響と判断された。

そんなのは言いがかりじゃないかと我々は思うのだが，このよ

『ドラゴンボール』をテレビ放映した国々

うな事例は意外と多い。フランスでは80年代後半に、『ドラゴンボール』や『北斗の拳』などが人気だったが、暴力シーンが問題視され、その後長らく放送が禁止になった。ドイツでは、『キン肉マン』に登場したブロッケンJr.というキャラクターが、ナチスドイツをモチーフにしていると指摘されて放映が禁止になり、年長者を敬う儒教文化の韓国では、『クレヨンしんちゃん』の親に対する態度がよくないと批判された。

　中東のイスラム諸国では『ポケモン』が禁止されている。ポケモンのカードを交換しながら揃えていく行為はイスラムで禁止されている賭博にあたり、ポケモンの進化という考え方がイスラムの教義に反するという判断である。

　そんな細かいことにまで目くじらを立てなくてもよいではないかという考え方はもちろんあるだろう。しかし、日本アニメの海

外での売り上げは2005年をピークに近年は伸び悩んでいる。国が違えば，文化や価値観が違うのは当然であり，日本人はそのことを真摯に受け止めねばならない。

🌐 クールジャパン戦略とは

2010年より経済産業省は**クールジャパン（COOL JAPAN）戦略**と名付けた日本文化の輸出プロジェクトを進めている。COOLとはかっこいいという意味で，このプロジェクトでは食文化や伝統工芸も含めているが，本来はマンガ，アニメ，ゲーム，渋谷や原宿のファッションなどのポップカルチャー（大衆文化）を指す。もちろん，かつてのように，日本のスタイルそのままでは今や海外の人々には受け入れてもらえない。

2012年末からクールジャパン戦略モデル事業として，往年の人気アニメ『巨人の星』を，インド風にリメイクした『スーラジ・ザ・ライジングスター』の放送が現地で始まった。インド版では，ストーリーはほぼ原作通りだが，舞台をインド，野球をクリケット，主人公の星飛雄馬をスーラジとインド名にするなどローカライズし，インドの子どもたちの熱狂的な人気を集めた。

ドラえもんのアメリカ放映の実現に際しても，原作本来のイメージを尊重しながらも，設定がかなりアメリカナイズされた。女性が肌を出すことがタブーとされているイスラム教国のマレーシアやインドネシアで放映されるドラえもんは，定番のしずかちゃんの入浴シーンでは，何としずかちゃんは水着を着ている。「いくらなんでもこれはちょっと…」と日本人は思うだろうが，世界の国々にはそれぞれのライフスタイルや価値観・道徳がある。それらへの尊重や配慮をする中で，相手国に受け入れたいと思っ

てもらえるような日本の魅力や技術を世界に発信することが，今，我が国が目指しているクールジャパン戦略である。

アメリカ版『ドラえもん』はこうなっている

	【日本では】	【アメリカでは】
タイトル	ドラえもん	→ Doraemon（ドラえもん）
舞台	東京都内の架空の町	→アメリカ国内の架空の町
人物	のび太 ジャイアン スネ夫 しずかちゃん ジャイ子 出来杉	→ Noby（ノビー） → Big G（ビッグジー） → Sneech（スニーチ） → Sue（スー） → Li'l G（リトル・ジー） → Ace（エース）
道具	どこでもドア タケコプター	→ Anywhere Door（エニウェアドア） → hopter（ホプター）

シーン

- 頭につけるタケコプターを，アメリカではエンゼルの翼のように背中につける。
- ドラえもんはタヌキに間違えられて怒るが，アメリカのドラえもんはアザラシに間違えられて怒る。
- ドラえもんはどら焼きをドカ食いするが，アメリカのドラえもんはヤミーバンが好物で，ドカ食いはしない。
- 他にも，石焼き芋の屋台がポップコーンのトラック，野比家の食事シーンはフォークとナイフ，のび太の小遣いはドル紙幣，とにかくアメリカナイズが徹底されている。

世界の宗教

〈資料：ブリタニカ国際年鑑 2014〉

宗教・教派		比率	地域
キリスト教 (23.5億人) 32.9%	カトリック	16.9%	南ヨーロッパ・中南米
	プロテスタント	7.4%	北ヨーロッパ
	東方正教会	3.9%	東ヨーロッパ・ロシア
	その他	4.7%	
イスラム教 (17.3億人) 22.9%	スンニ派	19.9%	アラブ諸国・東南アジア
	シーア派	2.7%	イラン
	その他	0.2%	
ヒンドゥー教 (9.9億人)		13.9%	インド
仏教 (5.5億人) 7.1%	大乗仏教	40.0%	東アジア
	上座部仏教	2.7%	東南アジア
	チベット仏教	0.4%	中国チベット地方
儒教・道教・中国民間宗教 (4.4億人)		6.1%	中国
シーク教 (2500万人)		0.4%	インド
ユダヤ教 (1400万人)		0.2%	イスラエル
その他・無宗教		16.4%	

イスラム教 は，開祖ムハンマドの死後，後継者争いに端を発して，歴代のカリフ（最高指導者）を正統とする**スンニ派**と，ムハンマドの血統による世襲を重視し，イマームと呼ばれる最高指導者を立てた**シーア派**に分裂した。コーランやムハンマドの言行を尊重するなどイスラム教の根幹となる部分では両派に違いはないが，戒律はシーア派のほうが厳格で，スンニ派はヨーロッパ文化に対応し，柔軟なところがある。

仏教 は，厳格な戒律を重視する上座部（保守長老派）と，教義は時勢に応じて改変すべきとする大衆部（革新派）に分裂した。大衆部は**大乗仏教**に発展するが，大乗とは多くの人を救う大きな乗りものという意味である。出家した者だけが成仏できると説いた上座部側は小乗仏教と呼ばれたが，これは大乗仏教側からの差別用語であり，今は**上座部仏教**という。

キリスト教 の教派については p.65 を参照されたい。

第 4 章

現代世界の
気になる疑問

北回帰線が南へ移動しているってホント？

> 日本の領土で北回帰線が通っている場所はないが，沖ノ鳥島（北緯20.4度）は北回帰線よりも南にあり，太陽を真上に見ることができる日本で唯一の場所である。

　夏至の日に南中時の太陽高度が90度になる位置，つまり太陽を真上に見ることができる北限のラインが北回帰線である。赤道を挟んでその対称の位置にあるのが南回帰線，南半球で太陽が真上に見える南限である。

　ところで，この回帰線の緯度をご存じだろうか。筆者もそうだが，「学校で23.5度と教えてもらったぞ」という方が多いのではないかと思う。しかし，30年前ならそれで正解だったが，現在は23.4度が正しい。なぜなら回帰線は毎年少しずつ赤道方向に移動しているからだ。実際には，距離にして毎年約14mずつ南へ移動している。地球が完全な球体ではないことや月や惑星の引力などが複雑に影響して，地球の自転軸の傾きが周期的に少しずつ変化していることがその原因である。

　詳しい数値を示すと，約100年前の1908年の北回帰線の緯度は北緯23度27分05秒だったが，2005年の測定値は**23度26分18秒**，10進法で換算すると，小数第2位を四捨五入し，100年前は23.5度だったのが，現在は23.4度になったわけだ。

　台湾南部の嘉義（チャーイー）市には，1908年に北回帰線の位置を示す標塔が設置されたが，北回帰線がどんどん南へ移動し，現在の標塔は6代目，もう1.4kmも南に移動している。ここを訪れると台湾観光協会から「北回帰線通過証明書」がいただけるそうだ。

回帰線の位置

北回帰線

赤道

南回帰線

北回帰線は世界の18の国の領土を通過している。
南回帰線は13の国と地域を通過している。

移動する回帰線

〈撮影：Robert González〉

　メキシコの高速道路沿いには回帰線が通っている位置を示す標識があり，ここでは北回帰線の移動のようすがわかる。

2 赤道直下にペンギンの繁殖地があるってホント？

スペイン語で「太っちょ」を意味するペングウィーゴが語源とされるペンギンは，その体型のため，鳥のくせに飛んで移動することができない。それでも南極以外のいろんな国にペンギンの生息地があることはあまり知られていない。

　地球上には約1万種の鳥類がいるが，そのうちペンギンは17種というから意外と種類は少ない。しかも南極半島を除けば**南極大陸**で見られるのはエンペラーペンギンとアデリーペンギンのたった2種類にすぎない。南極大陸に住む生き物というイメージが強いペンギンだが，右の地図で示したように，南半球の広い海域に多くの種類のペンギンが生息している。我々が水族館で見るのも，その多くは飼育しやすい温帯系のフンボルトペンギンやケープペンギンである。

　これも意外に思う人が多いだろうが，もっとも多くの種類のペンギンが見られるのは，南極大陸とは4000km離れたニュージーランドである。ニュージーランドとその周辺の島々には8種類のペンギンが生息しており，そのうちのコガタペンギンはもっともペンギンの祖先に近い原始的な種類といわれている。実は，ニュージーランドこそペンギンの発祥地なのである。

　しかし，空を飛べないペンギンたちが，南極大陸やアフリカや南米大陸までどうやって繁殖地を広げることができたのだろうか。それは南半球の中高緯度を東流し，地球を一周する**南極還流**や**西風海流**と呼ばれる海流が関連していると思われる。この海流がぶつかる南米大陸やアフリカ大陸の西岸地域には多くのペンギンの繁殖地が見られるが，赤道海域からの暖流が流れ込む東岸地

域には見られないことがそれを裏付けている。

　南米大陸にぶつかった海流の一部は海岸沿いにさらに赤道付近まで北上し，赤道直下の**ガラパゴス諸島**にもペンギンたちを運んだ。ここに住むガラパゴスペンギンは唯一熱帯に生息するペンギンである。なお，どのような海流も赤道を越えて流れることはなく，ガラバゴス島の一部を例外とすれば，北半球にはペンギンの繁殖地はない。

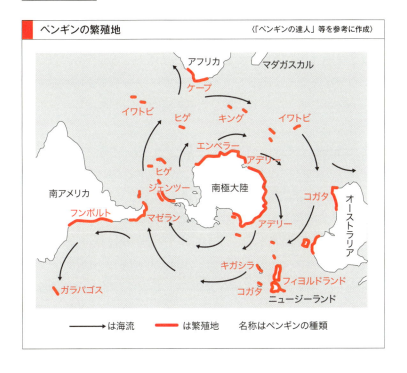

ペンギンの繁殖地　〈「ペンギンの達人」等を参考に作成〉

3 北欧デンマークには海水浴場はあるのにスキー場がないのはなぜ？

> スキーの歴史は古く，北欧では紀元前から狩りをする人々が雪の山野を移動する手段にしていたという。しかし，北欧の高緯度に位置するデンマークには，多くの海水浴場はあっても，スキーゲレンデはまったくない。

　日本には四国や九州にも天然雪のスキー場があり，国別のスキー場の数はアメリカに次いで世界第2位というからちょっと意外な気がする。次いで多いのは，いつも冬季五輪のスキー種目でメダル争いを繰り広げているオーストリア・イタリア・フランスなどヨーロッパの国々であり，これは妥当だろう。もちろんスキーの発祥地である北欧のノルウェーやスウェーデンにも多くのスキー場がある。しかし，同じ北欧のデンマークにはスキー場が一つもない。

　その理由はきわめて明快だ。デンマークには山がなく，ゲレンデがつくれないのだ。デンマークは九州の1.2倍ほどの面積があるが，その最高地点はミョレホイという丘で標高はわずか171m，スカイツリーの4分の1ほどの高さしかない。北海を挟んでデンマークの対岸に位置するオランダも最高地点の標高は322mでスカイツリーの約半分，やはり国内にスキー場はない。

　オランダ～北ドイツ～デンマーク～ポーランド一帯は低地が続き**北ヨーロッパ平野**と呼ばれるが，さらに東へ続き，ロシアのウラル山脈付近まで広がる**東ヨーロッパ平原**と併せて，ヨーロッパ平原と呼び，世界最大の平原を構成している。**ヨーロッパ平原**は，数億年前の古生層や中生層と呼ばれる古い地層がほとんど地殻変動を受けず，水平な状態を保ち続け，長いあいだに浸食を受

けてつくられた**構造平野**で，標高は高いところでも300mほどの広大で平坦な低地である。海岸から200〜400kmも離れ，日本の本州ほどの広さを持つ内陸国のベラルーシでさえ最高地点は354m。平野といってもそのどこからでも必ず山が望める日本とはスケールがまるで違っている。日本の平野は河川の堆積作用でできた**堆積平野**で，年代も新生代(約2000万年前)以降とヨーロッパ平原よりずっと新しい。

　国内にはスキー場のないデンマークだが，海外領土であるグリーンランドにはホテルを完備したスキーリゾートがあるそうだ。

ヨーロッパ平原とデンマーク

4 IT大国インド，その発展のウラにはカースト制の存在があったというのは真実だろうか？

カレーライス，ヒンズー教，カースト制，インドという国からいろんなキーワードが連想されるが，今，この国を知るために新たなキーワードになっているのは，年々拡大するIT産業である。

🌐 IT産業とカースト制

こんな話を聞いた。インドに駐在するある日本人商社マンがレストランで食事をしたとき，誤ってビールグラスを倒してしまった。従業員を呼んで拭いてくれるよう頼んだが，その従業員は床しか拭かず，テーブルの上は濡れたままだ。商社マンは「テーブルもお願いします」といったが，従業員は「I can't」といってテーブルはそのままにして立ち去ってしまったという。

日本の学校へ進学し，寮で共同生活をするインド人留学生が部屋の掃除をしないという話も聞いたことがある。

中学校で習ったあの**カースト制度**，今では3000もの階級に分化し，職業も厳しく規定されている。下層カーストの役割である清掃を上層階級の人々が行うことはなく，その清掃も床掃除のカーストの人はテーブルの上を拭いてはいけない。憲法ではすでに半世紀以上も前に禁止されているにもかかわらず，カーストによる差別がインド社会ではまだまだ根強く残っている。

そんなカースト制度の存在が，IT産業の発展に寄与しているという記事を何度か目にした。新しい分野であるIT産業は従来のカースト制度の職分類には該当せず，どのカーストの仕事になるのか決まっていない。つまり能力さえあればカーストにかかわらず誰でもIT関連の仕事に就くことができる。そのため，職業

選択で制約を受けていた下層カーストの優秀な若者たちが，チャンスを求めて集まり，IT産業を発展させたというわけだ。

ただ，いくらカーストが不問とはいえ，差別が厳しいカースト社会の中で，困窮した下層階級の若者にはIT関連の高等技術や専門知識を身につける機会などほとんどなく，そんな成功者はほんの一握りにすぎないともいわれている。

🌐 インド人の数学や英語の実力はどれくらい？

ゼロの発見で知られるように，インド人は伝統的に理数系に強いとか，多言語国家のインドには標準語に相当する言語はないが，長くイギリス領であったため，国民の英語力が高いとか，これらもインドのIT産業発展の要因としてよく取り上げられる。実際はどうだろうか。

OECD（経済協力開発機構）が加盟国の15歳児を対象に実施した数学の学習到達度調査では，インドは参加74カ国中の72位，優秀どころかかなり意外な順位だ。

またインド人のうちで英語が話せるのは12％，社会環境が似ているフィリピンでは79％の国民が英語を話すのとはかなり差がある。日本人にはインド人なら英語を話すだろうと思っている人が多いが，それは観光地やビジネス関係のインド人が英語を使うので，誰でもそうだと勘違いしているだけだ。地方へ行くと，自分の地方の言葉しかしゃべれないインド人同士が身振り手振りで意思疎通を図ろうとしている光景をよく見かける。

こんなデータもある。2015年，世界経済フォーラムは国内のITの利用状況やインフラ整備を評価したIT競争力ランキングを発表した。それによるとインドは調査した143カ国中の89位，

GDPではインドの1000分の1にも満たない隣国ブータンよりも下位である。もっとわかりやすいインターネット普及率で見るとインドは192カ国中の137位，やはりブータンよりも下位だ。

🌐 インドのIT産業を発展させたホントの理由

それでもインドのIT産業は右肩上がりの成長を続け，今やその売上額は中国の約3倍，1000億ドルを大きく上回っている。これをどう理解すればよいのだろうか。様々な情報を分析してみると次の3つの要因が浮かび上がった。

まず1番目はインドの膨大な人口である。インドの総人口は約12億人，中国に次いで世界第2位だが，そのうち25歳以下が半分の6億人，これは中国を上回っておりインドの大きな強みである。確かにインド人の数学力は世界の上位ではないが，これは平均値にすぎない。インド工科大学は，アメリカのマサチューセッツ工科大学とともに世界の理数系大学の双璧とされている。先端科学の振興を重視する政府の方針によりインドには約2000の理数系の教育機関が整備されており，底辺が広い分だけ優秀な人材がどこの国よりも多く育つ環境がある。

インド人の英語力についても同じことがいえる。比率は低くても，英語を話す人口は1.5億人，これはアメリカに次ぐ世界第2位で，インドでは高等教育を受けた若者の多くは英語力を身につけている。インターネットも普及率は低いが，ユーザー数で見れば，中国，アメリカに次いで世界第3位，日本を上回っている。それでもIT競争力で下位に甘んじているのは，インドのIT産業が海外を対象としており，国内の大部分を占める低所得層の人々にはまだまだ縁遠い存在だからだ。カースト制度の弊害である。

IT競争力 (2015)

〈資料：世界経済フォーラム〉

		(点)
1 位	シンガポール	6.02
2 位	フィンランド	6.00
3 位	スウェーデン	5.84
4 位	オランダ	5.80
5 位	ノルウェー	5.76
7 位	アメリカ	5.64
8 位	イギリス	5.62
10 位	日本	5.60
12 位	韓国	5.52
13 位	ドイツ	5.51
41 位	ロシア	4.53
62 位	中国	4.16
88 位	ブータン	3.74
89 位	インド	3.73

インターネット普及率 (2014)

〈資料：GLOBAL NOTE〉

1 位	アイスランド	98.2%
2 位	ノルウェー	96.3%
3 位	デンマーク	96.0%
4 位	アンドラ	95.9%
7 位	オランダ	93.1%
11 位	イギリス	91.6%
14 位	日本	90.6%
16 位	アメリカ	87.4%
19 位	ドイツ	86.2%
23 位	韓国	84.3%
45 位	ロシア	70.5%
83 位	中国	49.3%
114 位	ブータン	34.4%
137 位	インド	18.0%

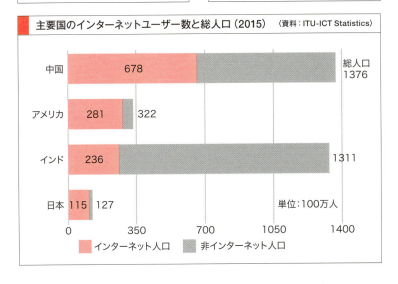

主要国のインターネットユーザー数と総人口 (2015) 〈資料：ITU-ICT Statistics〉

今後，インドが真のIT先進国の地位を確立するには，格差の解消や国内の環境整備が大きな課題であろう。

2番目の要因として<u>インドの地理的位置</u>が挙げられる。インドのIT産業の構成は，**アウトソーシング**が40％を占め，ソフトウエア開発が20％，残りがエンジニアリングや製品開発となっている。アウトソーシングというのは，企業が自社の業務を外部の専門企業に委託することで，インドのIT会社には様々な部門の世界のトップ企業が，開発・営業・物流・経理など多様な業務を発注している。その最大の相手国はアメリカである。

ここでインドにとってアメリカとの位置関係が好都合になる。地球儀で見ると<u>インドはアメリカのちょうど反対側にあり，約12時間の時差がある。この時差を利用すると，業務を効率よく進めることができるのだ</u>。アメリカで昼間に行った業務は夜になるとインドへ送られる。その頃，インドは朝を迎え，インドの技術者が業務を引き継ぎ，夜になるとまたアメリカへ送り返す。インドが夜になるとアメリカは朝だ。この作業を繰り返すことによって，業務を24時間ノンストップで進めることができる。インドに業務を依頼すれば作業コストが安いのも大きなメリットだ。

3番目の要因は，<u>インド政府が80年代から他国に先駆けて取り組んできた**IT振興政策**</u>である。技術者の養成や教育機関の整備などを促進するとともに，IT関連の関税をゼロにするなど積極的な振興策に取り組んできた。当然のことなので見落とされがちな要因だが，国の発展にとって国家の主体的な姿勢はとても重要である。

インドのIT産業の成長

〈資料：日本経済新聞 2015.1.20〉

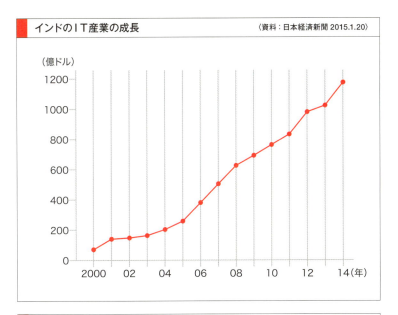

アウトソーシング先としての人気都市ランキング

1 位	バンガロール（**インド**）
2 位	マニラ（フィリピン）
3 位	ムンバイ（**インド**）
4 位	デリー（**インド**）
5 位	チェンナイ（**インド**）
6 位	ハイデラバード（**インド**）
7 位	プネ（**インド**）
8 位	セブ（フィリピン）
9 位	クラクフ（ポーランド）
10 位	ダブリン（アイルランド）

〈資料：2014 Tholons Top 100 Outsourcing Destinations: Rankings〉

　2015 年の世界のアウトソーシング市場は 3500 億ドルに達したと見込まれる。世界のトップ企業にはアウトソーシング先として，世界のどこの国，どの都市が人気なのかこのランキングでインドが世界から断然注目されていることがよくわかる。

5 どうして日本がクジラを獲っちゃいけないの？ 捕鯨論争の真相を知りたい

1960年,水産会社を親会社とする大洋ホエールズ（現 DeNA ベイスターズ）がセリーグの覇者となり,日本シリーズを制した。当時,日本はプロ野球も遠洋漁業もクジラの時代であった。

商業捕鯨の禁止

「クジラは絶滅に瀕している。日本は**調査捕鯨**なんていっているけれど,結局は食べているじゃないか。知能が高いほ乳動物のクジラを食べるのは残酷だ。捕鯨は全面禁止にすべきだ！」

「カンガルーを殺してドッグフードにしてしまう国の人たちにいわれたくないね。それにクジラは増えている。捕鯨は日本の伝統文化だ」

マスコミの報道からは双方の感情的な主張ばかりが目立ち,捕鯨問題の真相がなかなか見えてこない。捕鯨支持派と反対派,どのような主張をしているのだろうか。何が対立点なのだろうか。まず,**商業捕鯨**が禁止になった経緯から見てみよう。

戦後,深刻な食糧難が続いた日本では,クジラは貴重なたんぱく源であった。1950〜60年代初頭のピーク時には,100隻を超える大捕鯨船団が南氷洋で操業し,年間2万頭を超すクジラを捕獲していた。しかし,**IWC（国際捕鯨委員会）**が資源管理のため,1963年に南氷洋のザトウクジラの捕獲を禁止し,それ以後もシロナガスクジラ,ナガスクジラ,イワシクジラなどの捕獲禁止を決めると多くの国が南氷洋捕鯨から撤退した。

代わって動物愛護や環境保護を主張する反捕鯨運動が活発化する。1972年には国連人間環境会議で商業捕鯨の一時停止が初め

北太平洋におけるイワシクジラの漁獲量の推移　〈資料：水産総合研究センター〉

北太平洋のイワシクジラについては1970年代からIWCによる捕獲規制が厳しくなり，1976年からは捕獲が禁止される。2002年からは調査捕鯨が開始され，2002〜03年は年間50頭，2004年から100頭を上限に捕獲している。

IWC内の捕鯨支持国と反対国の推移　〈資料：日本捕鯨協会〉

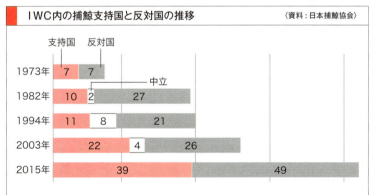

年	支持国	中立	反対国
1973年	7		7
1982年	10	2	27
1994年	11	8	21
2003年	22	4	26
2015年	39		49

両派の多数派工作により，捕鯨と関わりのない国々の加盟が増えている。日本が捕鯨を容認するアフリカ諸国に見返りとして経済援助を増やしているのではないかという指摘もある。

第4章　現代世界の気になる疑問

て採択されるが，このときは，科学的に正当性がないとしてIWCは商業捕鯨禁止案を否決する。しかし，その後，反対派の多数派工作によって本来は捕鯨国の組織であったIWCに非捕鯨国の加盟が増えると，1982年，大型のクジラを対象とする商業捕鯨を全面禁止する「**商業捕鯨モラトリアム**」が可決される。そのため，日本も南氷洋や太平洋での商業捕鯨停止を余儀なくされ，現在では，厳しい捕獲規制の中でツチクジラなどを対象とする年間100頭ほどの小型捕鯨が日本沿岸で細々と営まれているにすぎない。

🌐 クジラは減っているのか

現在，世界の海に棲息するクジラは約80種といわれている。IWCの調査によると，乱獲のために絶滅が危惧されていた大型のシロナガスクジラやセミクジラは，現在ではかなり資源量が回復し，ミンククジラやマッコウクジラはむしろ増加している。つまり，クジラの資源状態は良好であり，カワイルカなどの希少種を除けば絶滅に瀕しているクジラはいない。

海の中では，プランクトンを小魚が食べ，それをさらに大きな魚などが食べるという食物連鎖が行われているが，クジラはその頂点にいる。クジラは餌としてオキアミのほかイワシ・サンマ・サバなどの魚も食べるが，その量は体長7.5mのミンククジラの場合，1日あたり約150kgと推定され，日本鯨類研究所の試算によると世界のクジラが1年間に食べる魚介類の量は2.8〜5億t，これは世界の全漁獲量の3〜6倍にも達するという。そのため，クジラが増えすぎると，他の魚介類の資源量や海洋生態系に影響を与えると指摘している。これに対し，反対派は捕鯨を再開すればクジラはまた絶滅に瀕してしまう，生態系は自然界がバランス

IWC加盟国（2015）

〈資料：日本捕鯨協会〉

捕鯨支持国 39 カ国	捕鯨反対国 49 カ国
【アジア】6 カ国 ・日本　　　・中国 ・モンゴル　・韓国 ・カンボジア　・ラオス **【ヨーロッパ】4 カ国** ・ロシア　　　・デンマーク ・アイスランド　・ノルウェー **【アフリカ】16 カ国** ・ガボン　　・カメルーン ・ギニア　　・コートジボワール ・ガンビア　・エリトリア ・トーゴ　　・ギニアビサウ ・マリ　　　・モーリタニア ・ベナン　　・コンゴ共和国 ・モロッコ　・タンザニア ・セネガル　・ガーナ **【南北アメリカ】7 カ国** ・グレナダ　　・スリナム ・セントルシア　・ドミニカ ・アンティグアバブーダ ・セントクリストファーネイビス ・セントビンセント＆グレナディーンズ **【オセアニア】6 カ国** ・パラオ　　・ナウル ・マーシャル　・ツバル ・キリバス　・ソロモン	**【アジア】3 カ国** ・インド　　・イスラエル ・オマーン **【ヨーロッパ】27 カ国** ・イギリス　　・オランダ ・ベルギー　　・ドイツ ・フランス　　・イタリア ・ルクセンブルグ　・アイルランド ・スイス　　　・オーストリア ・スペイン　　・ポルトガル ・チェコ　　　・スロバキア ・ハンガリー　・フィンランド ・スウェーデン　・ポーランド ・リトアニア　・エストニア ・スロベニア　・クロアチア ・ルーマニア　・ブルガリア ・キプロス　　・モナコ ・サンマリノ **【アフリカ】2 カ国** ・ケニア　　・南アフリカ **【南北アメリカ】15 カ国** ・アメリカ　　・メキシコ ・ドミニカ　　・ベリーズ ・グアテマラ　・ニカラグア ・コスタリカ　・パナマ ・エクアドル　・コロンビア ・ペルー　　　・ブラジル ・チリ　　　　・ウルグアイ ・アルゼンチン **【オセアニア】2 カ国** ・オーストラリア ・ニュージーランド

第4章　現代世界の気になる疑問

を取ると主張している。

　水産資源を含む生物資源に関しては，持続可能な利用と保全の両立を基本とする**持続的利用の原則**という国際間の共通認識がある。絶滅や減少が危惧される種については保全を図り，資源が豊富な種については衰退させない方法及び速度で持続的に利用してよいというルールである。日本が目指すのも，豊富なクジラ資源を永続的に適切な管理のもとで持続的に利用する捕鯨である。

🌐 調査捕鯨とは？

　調査捕鯨とは，IWCの承認のもとにクジラの生態や資源量などの科学的調査を目的とする捕鯨のことで，日本は，年間1000頭ほどのクジラを捕獲している。しかし，捕鯨に反対する人たちだけでなく，一般の人々にも次のような疑問を持つ人が多い。

・クジラを殺さなければ調査ができないのか。
・捕獲するクジラの頭数が多すぎはしないか。
・調査捕鯨なのに，肉を食用に販売してもよいのか。

　これらに対し，捕鯨協会はクジラの年齢・性成熟度・妊娠率・食生活などを正しく把握するには，現在の調査捕鯨は必要最低限であると回答している。調査後の鯨肉の販売はIWCで認められており，その収益は調査や研究費用に充てられている。

🌐 クジラは神聖な動物なのか？

　欧米人の中に，クジラのような知能の高い動物を殺すのは残虐であり，どのような理由でも捕鯨は許されないと主張する人がいる。それなら牛や豚を殺して食べるのはよいのかと日本人は反論するが，欧米人にとって牛や豚は食べるために飼育してきた家畜であり，これは双方の文化の違いで，感情的な水掛け論になって

しまう。ヒンズー教における牛やイスラム教における豚のように，食べてもよい動物，食べてはいけない動物というルールは，世界の民族それぞれの食習慣や倫理観によるものであり，先進国と呼ばれる国々が，自分たちの基準で他国の文化を否定したり，ルールを押しつけたりすることは決してあってはならない。捕鯨論争には自然科学，水産業，食糧問題，環境問題，国民性と文化，国際政治など多くの要素が含まれているが，自分たちに都合のよい視点からしか論じない国や機関があまりにも多い。それらを複合的・客観的に審議する場が今もっとも必要ではないだろうか。

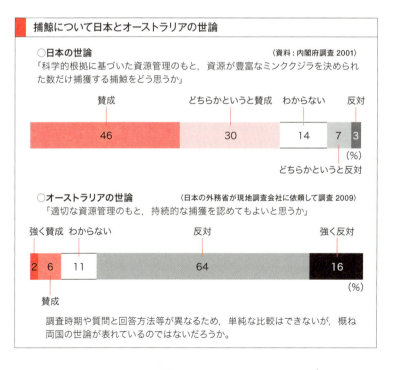

6 あと30年で石油がなくなるってホント？
―石油埋蔵量のホントとウソ―

世界の石油資源はあと30年ほどで掘り尽くされてしまう。1970年代のオイルショックの頃、そんな石油枯渇説がマスコミでさかんに報道された。しかし、30年過ぎた今、石油は枯渇することなく掘り続けられている。

石油は限りある資源であり、いずれは枯渇する。しかし、30年で掘り尽くすといわれた石油は、むしろ生産量が増大したにもかかわらず、いまだ枯渇する兆候は見られない。なぜだろうか。

それは、あと30年とか50年とかいわれる**可採年数**は、絶対的な根拠に基づく不変的な数値ではないからだ。可採年数とは、今後どれくらいの期間、生産が継続できるかという石油開発の指標であり、「確認埋蔵量÷年間生産量」で示される。その数値は毎年変動しており、そもそも、人類はまだ地下にどれだけの石油が埋蔵されているのか把握しておらず、また、石油採掘の技術も日進月歩の現在、長期的・客観的に石油の枯渇時期を予測することなど不可能だ。可採年数を石油が枯渇するまでの年数と捉えるのは誤解である。

半世紀前の1960年代には0.3〜0.4兆バレルと推定されていた世界の石油埋蔵量は、2014年は約1.6兆バレル、5倍近く増えている。つまり、石油の埋蔵量は採掘量以上に毎年増え続けており、それにともなって石油の可採年数も伸びているのである。

埋蔵量が増えるのは、まず**新たな油田**が発見されるためだ。近年、カスピ海周辺、西アフリカ沖、ブラジル沖に大規模な油層が確認され、サハリン付近や東シナ海など日本周辺でも調査が続き、新規油田の発見が期待されている。

■ 埋蔵量の考え方

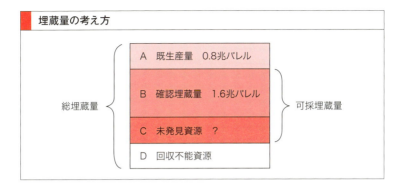

■ 確認埋蔵量と可採年数の推移　　　〈資料：資源エネルギー庁〉

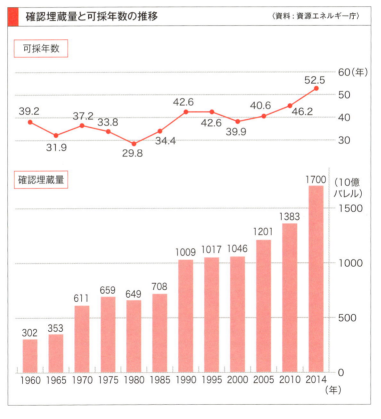

しかし，埋蔵量増加の最大の理由は新規油田の開拓ではない。統計で**埋蔵量**と定義されるのは，実際に地下にある石油の総量ではなく，埋蔵する石油のうち，経済的・技術的に採掘が可能とされる石油の量であり，生産しても採算が取れない小規模な油田や，深海など技術的に採掘が困難な場所にある油田は**回収不能資源**とされ，確認埋蔵量にはカウントされない。液化していないため，ポンピングによる汲み上げが不可能なカナダの**オイルサンド**や，ベネズエラの**ヘビーオイル**も回収不能資源とされていた。しかし，掘削技術の進歩によって，近年はそれらも商業ベースの採取が可能となり，かつての回収不能資源が可採埋蔵量としてカウントされるようになったことで世界の石油埋蔵量が一気に増えたのだ。

　埋蔵量の国別ランキングを見ると，2000年代初めにはサウジアラビア・イラン・イラク・クウェートなどの中東諸国が上位を占めていたが，掘削技術の革新によって2008年にはカナダが2位に躍進し，2011年にはベネズエラが長くトップの座にあったサウジアラビアを抜いて一気に1位となった。

　とはいえ，いずれ石油がなくなる日が来ることは間違いない。なくなるのなら作ればよいではないか。そんな発想で，植物プランクトンや藻類，遺伝子組み換えなど様々な方法で**人造石油**を作る研究が各国で進められいる。石油資源の乏しい日本が，第二次世界大戦中に石炭を石油化する研究を進めていたことはあまり知られていないが，日本人ならばそんな技術を完成させるかも。

国別石油埋蔵量　　　〈資料：資源エネルギー庁〉

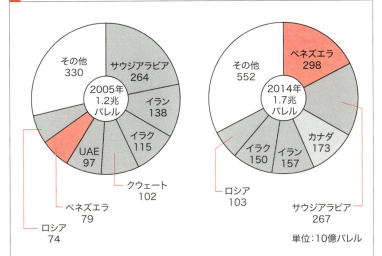

単位：10億バレル

　ベネズエラの石油埋蔵量は，2000年代には1000億バレルに満たなかったが，2011年，一気に3倍超の3000億バレルに達し，一躍世界一に躍進した。これは新たに大型油田が発見されたわけではなく，確認はされていたが，埋蔵量にカウントされていなかったオリノコ川流域のヘビーオイルを加算するようになったからである。ヘビールオイルは，流動性のない高粘度のタール状原油で，従来は採掘が困難とされ，埋蔵量に算入されていなかった。米地質調査所（USGS）は，ベネズエラには技術的に回収可能なヘビーオイルが5130億バレルあるとの調査結果を発表している。

※1バレル＝約159kL

7 ブラジルの自動車の燃料はサトウキビが原料ってホント？ —世界のバイオ燃料—

ブラジルのサトウキビの生産量は7.7億t（2013），世界の約40％を占め，ダントツの世界一である。しかし，収穫されたサトウキビのうち50～70％は砂糖ではなく，自動車の燃料として使われる。サトウキビが自動車の燃料ってどういうことだろう？

🌐 フレックス自動車ってどんなクルマ？

　フレックス車といっても，日本人には耳慣れない言葉だが，正しくは**フレキシブル燃料自動車（FFV；Flexible Fuel Vehicle)** という。ガソリンでもエタノールでも走行できる優れもので，ブラジル国内を走っている自動車のほとんどはこのフレックス車だ。今，ブラジルでは，ガソリン車を新しく購入することはほぼ不可能に近く，ブラジルで販売されているトヨタやホンダなどの日本車もすべてフレックス車である。このフレックス車の燃料となるエタノールの原料がサトウキビである。

　1970年代の石油危機をきっかけに，ブラジル政府は「国家アルコール計画」と呼ばれる新たなエネルギー政策を立ち上げる。当時のブラジルは，国内の石油需要のほとんどを海外からの輸入に依存していたが，サトウキビの生産量は世界一であった。政府はガソリンの代替エネルギーとして，**サトウキビ**を発酵させて作る**バイオエタノール**に着目し，優遇税制によって，エタノールの生産拡大を図るとともに，販売価格をガソリンより安く抑え，エタノールを燃料とする自動車の普及支援を推し進めた。

　さらに，この政策には，サトウキビ生産の一定量をエタノール製造に仕向けることによって，砂糖の余剰生産を防ぎ，砂糖の国際価格の低下を回避するという狙いもあった。

世界のバイオエタノールの生産の推移 〈農林水産省資料を参考に作成〉

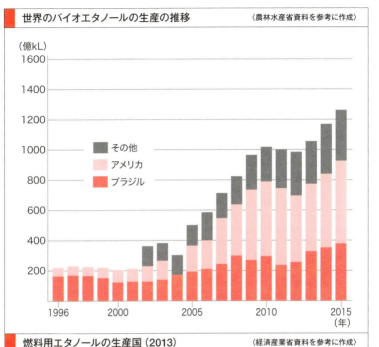

燃料用エタノールの生産国（2013） 〈経済産業省資料を参考に作成〉

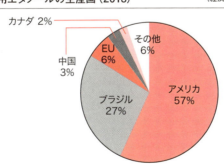

　バイオエタノールは，サトウキビ，トウモロコシ，小麦などを発酵させ，蒸留して作る植物性アルコールである。化石燃料の代替エネルギーとして，ガソリンと混合し，おもに自動車燃料として生産が増えている。世界の燃料用エタノールの生産量は，この20年で約6倍に増加したが，アメリカとブラジルの2国で世界の80%以上を生産している。

エタノール車は，80年代にはブラジルの自動車登録の8割以上を占めるまでに普及するが，90年代に入ると，砂糖の国際価格が高騰してエタノールが不足するようになり，消費者のガソリン車への回帰が進み，エタノール車のシェアが4割ほどに急落する。

　それでも，2000年代に入ると，ガソリンとエタノールのどちらでも燃料にできるフレックス車が開発され，さらに，ガソリンへのエタノール混合が義務づけられると，エタノール車に代わって，フレックス車が一気に普及する。消費者は，ガソリンとエタノールのその日の価格を見て，どちらを購入するか自由に決めることができ，2014年には，ブラジル国内の新車販売数の88％をフレックス車が占めるまでになった。

🌐 バイオエタノールが普及するワケ

　ブラジル以外に，フレックス車やバイオエタノールの普及が進んでいるのはアメリカである。フレックス車の普及率はブラジルより低いが，なにせ自動車王国アメリカだ。国内を走るフレックス車の台数はブラジルとほぼ同じ，バイオエタノールの生産ではアメリカが世界一である。

　アメリカでは，自動車の燃料にバイオエタノールを混合したガソリンを使用することが義務づけられている。植物から生産されるバイオエタノールは，燃焼しても大気中の循環炭素量を増やさない特性を持ち，ガソリンと混合して使ってもCO_2の排出量を減らすことができるため，CO_2排出削減の切り札として期待されている。アメリカでエタノールの原料として利用されているのは**トウモロコシ**である。国内で生産されたトウモロコシの30％

ブラジルにおけるフレックス車の販売推移　〈経済産業省資料を参考に作成〉

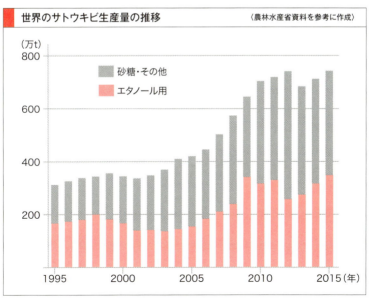

世界のサトウキビ生産量の推移　〈農林水産省資料を参考に作成〉

以上がエタノールに加工されている。

　バイオエタノールは，農産物を原料としているので，化石燃料のように資源が枯渇することがなく，永続的な生産が可能である。しかし，仮に世界の全耕地でサトウキビやトウモロコシを栽培してエタノールを生産しても，今の世界のガソリン需要を満たすことはできず，バイオエタノールだけではガソリンの代替燃料にはなり得ない。さらに，サトウキビやトウモロコシは本来は食用であり，エタノールへ仕向ける量が増えると，砂糖や食用・飼料用トウモロコシの供給量の不足や価格の高騰を引き起こす。

　近年，ヨーロッパやアジアでもバイオエタノールの普及を重視する国々が増えている。しかし，環境保護とエネルギーの安定供給と食糧生産，今後いかにこの3つの良好なバランスを構築するかが重要になってくるが，どの国にとっても容易な課題ではない。また，ブラジルやアメリカのエネルギー政策には，ほぼ自国でエタノール原料や石油が潤沢に生産できるという背景があり，他国が容易に模倣できるものではない。この分野で日本が立ち後れているのもそのためである。

ブラジルにおけるバイオエタノールのサプライチェーン

サトウキビ生産者 → (世界の約70%を生産) → **エタノール工場**

油田 → (国内の石油消費の70%を自給) → **製油所**

エタノール工場から:
- 市場価格と需要量により砂糖とエタノールの配分を調整 → **砂糖**
- **エタノール** → **燃料配給業者**

製油所から:
- **ガソリン** → **燃料配給業者**

燃料配給業者から:
- **エタノール** → **ガソリンスタンド**
- **混合ガソリン**(エタノールを25%以上混合することが義務化) → **ガソリンスタンド**

ガソリンスタンド → (消費者は価格を見てどちらを購入するか決める) → **フレックス車**(国内を走行する自動車の88%)

8 世界の人口が100億人に到達する日はいつ？
―これからの人口問題―

> 世界の人口は，2011年に70億人を超え，その後も毎年約7000万人ずつ増え続けている。これは，イギリスやフランスなどの人口を上回り，世界の大国1カ国分の人口が毎年増えていることになる。

🌐 Xデーはいつ？

　国連のデータによると，今，地球上では1分間に249人が生まれ，112人が亡くなり，世界の人口は1分ごとに137人，1日に約20万人，1年間では約7000万人ずつ増えている。

　四大文明が栄えた紀元前2500年頃には1億人ほどだった世界の人口は，緩やかに増え続け，1800年代の初めに10億人に達すると，その後は加速度的な増加に転じる。1937年に20億人，1959年には30億人，1990年代末には60億人を超え，2016年（4月現在）には73億人にまで膨れあがった。今後の推移を正確に予測することは，社会情勢やライフスタイルなど様々な要素が絡み合うので困難だが，国連人口部は，世界の人口が100億人に達するのは2060年頃ではないかと予測している。

🌐 人口爆発する国々

　人口増加は発展途上国で顕著である。日本など先進国では少子高齢化が進み，人口は減少傾向にあるが，アジアやアフリカの途上国では人口が急増し続け，人口爆発と呼ばれる状態が続いている。一般的には，国家の経済発展にともなって，人口構造は多産多死から多産少死，さらに少産少死へ移行していく。これを人口転換というが，その第一段階は，医療の発達や公衆衛生の改善等により乳幼児死亡率等が低下し始めたときである。

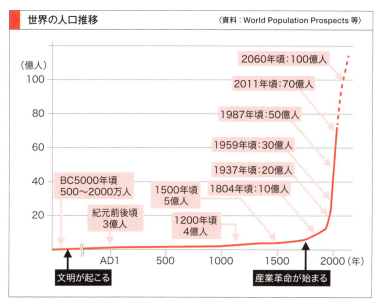

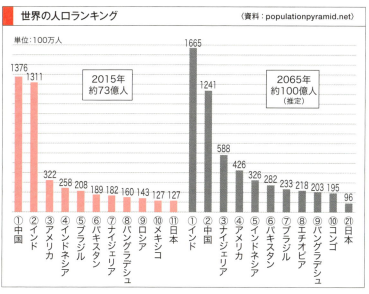

今，多くの途上国がこの段階にあり，ユニセフの調査によれば，南アジアやアフリカでは 1990 年から 2012 年までの約 20 年間で 5 歳未満児の死亡率は半減している。とはいっても，先進国に比べると乳幼児が健康に成長できる保証はなく，また，労働力として，さらに親の老後を支えるためにも子どもは多いほうが望ましいと考える伝統的な価値観は変わらない。イスラム圏の国々では，多産は豊穣のシンボルとされ，子どもを多く産むために 10 代前半で結婚する女性が少なくない。

　死亡率が低下したのに出生率が高いままでは，人口が急増して人口爆発に繋がり，飢餓や貧困などの深刻な問題を引き起こす。途上国の中には人口抑制政策を進める国もあるが，世界には多産文化が根強く残る国々がまだ多い。

🌐 世界の人口が 100 億人になったら

　地球の資源や食糧供給量は有限であり，地球が養える人口にも限界があることを多くの学者や有識者が指摘しているが，そんな中，「**地球人口 100 億人定員説**」が注目されている。世界の人口が 100 億人に達すると，人類はあらゆる危機と直面することになるという警鐘である。

　その第一は**食料問題**だ。100 億人の食料を確保するためには，単純に計算しても，現在の 1.3 倍に増産する必要がある。この半世紀のあいだに世界の人口は 2.4 倍に増えたが，機械化や灌漑など生産力の向上によって農業生産も 2.5 倍に増えている。その一方，耕地面積はわずか 12％ しか増加していない。むしろ，近年は気象変化, 耕地の疲弊や劣化, 他への土地転用などが要因となって世界の耕地面積は減少しつつある。現在でも地球上では，約 8

各国の人口ピラミッド（2015） 〔資料：populationpyramid.net〕

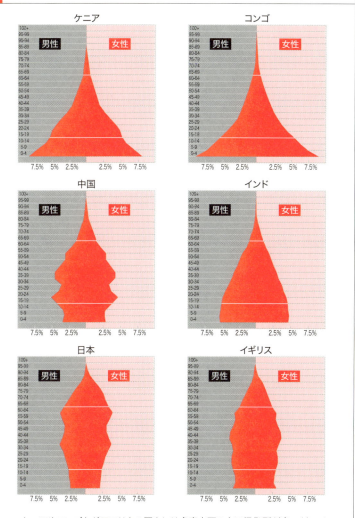

ケニアやコンゴなどアフリカの国々には多産少死の人口爆発型が多いが、インドなどアジアの国々の出生率は低減傾向にある。日本やヨーロッパの国々は少子高齢化が進んでいる。

億人つまり9人に1人が飢餓に苦しんでいる現実があり，今のままでは100億人を扶養することはできないだろう。

　エネルギー問題も深刻だ。人口増加と発展途上国の経済成長などによって，世界のエネルギー消費量は今後ますます増大することは確実で，100億人になるとさらに3万6000基の火力発電所が必要になるという学者もいる。石油・石炭・天然ガスなど地球の資源には限りがあり，新エネルギーの開発や実用化が急務である。

　日本人の感覚では理解しにくいかもしれないが，**水問題**も深刻化する。飲料水やトイレの水などの家庭用水，さらに農業用水や工業用水などの水が十分に使えず，日常生活に不便を感じる状態を**水ストレス**という。国連では，1人あたりの年間使用可能水量が1700tに満たない状態を水ストレス，1000t未満を「水不足」，500t未満を「絶対的な水不足」と定義している。現在，アジアやアフリカでは8億人がこの水ストレスに直面しているが，人口が100億人になると水ストレス人口は60〜70億人に達し，そのうち20〜30億人は絶対的水不足の状態に陥ることが予測される。

　地球温暖化や砂漠化など，**地球規模の環境危機**を警告する学者も多い。人口増加が続く途上国では，CO_2排出量が増大し，最大では世界の平均気温が4〜6℃上昇するといわれる。

　「我々は人口増加を受け入れ，あらゆる包括的な計画は人口密度への考慮を組み込み，困難な対話は始めるのが早ければ早いほどよい」——このように提言する学者がいるが，同感である。

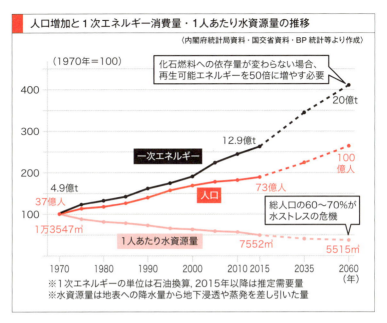

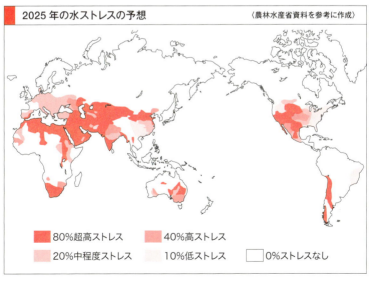

世界で1日（24時間）に起こっていること

日本では1日に2742人が生まれ，3477人が亡くなり，1778組の男女が結婚し，608組が離婚している（2014年）。世界では1日（24時間）にどのようなことが起こっているのだろうか。

🌐 マグニチュード2以上の地震が392回発生

USGS（アメリカ地質調査所）によると，地球上では関東大震災クラスのマグニチュード8以上の巨大地震が1年に平均1回発生している。マグニチュード2以上となると14万3000回，1日では世界のどこかで約400回の地震が発生していることになり，そのうちの10分の1は日本および日本周辺で発生している。

なお，この数値は1900〜1999年の平均であり，気象庁の観測によれば2000年以降の日本国内の地震発生数は増加している。マグニチュード2未満の微小地震も含めると，1990年代後半には年間の発生数は約6万回だったが，2000年以降はその倍以上の平均13万回に増えている。

🌐 ハワイが日本に0.2mm近づく

過去に日本で起こった巨大地震の多くは，日本の沖の海底で発生したプレート境界部の地殻変動が原因であることは知られている。日本列島は4枚のプレートが交錯する世界でも希有な地域だが，日本の東側の太平洋プレートは緩やかに日本列島に向かって動いている。といってもその速度は1日にわずか0.2mmほど，これは男性の髭が伸びるスピードとほぼ同じで微々たる速度だ。1年で7cm，100年かかってやっと7mである。しかし，10万年では7km，9000万年後には，現在は6400km離れているハワ

世界の地震発生とプレート

〈気象庁 web サイトより〉

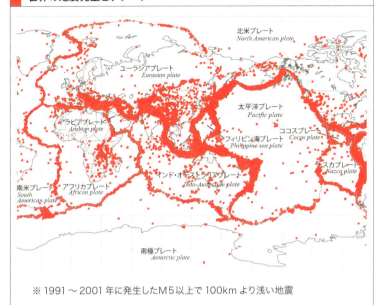

※ 1991～2001 年に発生したM5以上で100kmより浅い地震

世界で発生した近年のおもな巨大地震

1960	チリ地震（チリ）M9.5…史上最大，日本で津波による死者142人	
1976	唐山地震（中国）M7.8…死者25～80万人，史上最大の地震被害	
1995	兵庫県南部地震（日本）M7.3…死者・行方不明6437人	
2004	スマトラ島沖地震（インドネシア）M9.1…死者約22万人	
2005	パキスタン地震（パキスタン・インド）M7.6…死者約10万人	
2008	四川大地震（中国）M8.0…死者25.5万人	
2010	ハイチ地震（ハイチ）M7.0…死者31.6万人	
2010	チリ地震（チリ）M8.8…地球が変形し，地軸が8mずれる	
2011	東北地方太平洋沖地震（日本）M9.0…死者1.8万人	
2015	ネパール地震（ネパール）M7.9…死者8.8万人	

イが日本列島に衝突してしまう計算だ。もっとも、西へ進んできた太平洋プレートは、日本海溝で大陸プレートの下に沈み込んでしまうので、ハワイは日本と衝突する前に海中に沈んでしまうだろう。

　<u>地球の表面は、十数枚のプレートと呼ばれる固い岩盤で覆われており、それらのプレートは地球内部のマントル対流の動きによって1年間に数cmずつ移動している</u>。100年ほど前、ドイツのウェゲナーは、3億年前には1つだった超大陸がプレート移動によって分裂し、現在の大陸ができたという**大陸移動説**を唱えたが、2012年には、アメリカの研究チームが、移動を続ける現在の大陸が数億年後には北極を中心に集結して新たな超大陸が形成されるという予測を発表し、注目を集めた。この超大陸はAmerica＋Asiaという意味で**アメジア（Amasia）**大陸と呼ばれている。

　2004年のスマトラ島沖地震や、2015年のネパール地震の発生が、これを示していると主張している研究者もいる。

🌐 アメリカ人は8800万個のハンバーガーを食べる

　アメリカでは1年間に320億個、1日に8800万個以上のハンバーガーが消費されている。これをアメリカ国民1人あたりに換算すると1週間に平均2.9個、7〜13歳の子どもに限れば6.2個というからほぼ毎日ハンバーガーを食べていることになる。

　ハンバーガーの消費量が多いということは、当然、牛肉の需要量も多い。そのためアメリカの牛肉生産量は世界一の1100万t（2014年）、そのうちの4割がハンバーガーに使われるパテ（挽き肉）である。

移動する大陸

〈『生命と地球の歴史』を参考に作成〉

現在

2.5億年後

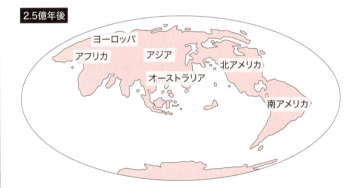

　オーストラリア大陸が北上し，ユーラシア大陸に衝突するだろう。そうすると，5000万年前にインド亜大陸とユーラシア大陸の衝突によってヒマラヤ山脈が形成されたように，オーストラリア大陸とユーラシア大陸に挟まれた日本列島は押し上げられて，巨大な褶曲山脈を形成する。さらに，北極海や地中海は縮小消滅し，南極大陸以外のすべての大陸が集合して，超大陸が出現する。

さらに，アメリカは世界一となる3.5億 t（2013年）のトウモロコシを生産しているが，4分の3にあたる2.6億 t は牛などの飼料として消費されている。もし，アメリカ人が1週間に食べるハンバーガーの数を0.5個減らせば，牛肉消費量を10％減らすことができ，牛の飼育頭数や飼料用のトウモロコシ消費量も10％節減できる。その分のトウモロコシをアフリカへ送れば，飢餓で苦しむ人々を2億人救うことができる。

🌐 飢餓のため約2万5000人が死亡

　国連WFP（食糧支援機関）によれば，世界ではおよそ8億の人々が十分な食糧を得られず，慢性的な栄養不足に苦しんでいる。タンパク質やビタミン・ミネラルなど適切な栄養素が欠乏すると，疾病にかかりやすくなり，はしかや下痢のような一般的な感染症によって命を奪われることがある。今，世界では1年間に東京都の人口に匹敵する1300万人が飢餓のために死亡している。1日では約2万5000人，このうち1万8000人は幼い子どもたちで，彼らは5歳の誕生日を迎える前に命を落としている。日本人の死亡原因の第1位はがんだが，世界で見ると飢餓が第1位だ。

　飢餓人口を多く抱えているのは，インド，バングラデシュ，パキスタン，インドネシア，中国などアジアの人口大国だが，比率の高いのはサハラ砂漠以南のアフリカの国々で，この地域ではおよそ4人に1人が慢性的な飢餓に陥っている。

　しかし，飢餓は解決が不可能な問題でない。飢餓問題が起こるのは食糧の絶対量が不足しているからではなく，人口では世界の20％に満たない先進国が，世界で生産される穀物の半分以上を消費しているという，食糧配分の不公平が原因だからだ。そのた

世界の飢餓状況

〈資料：FAO「世界の食料不安の現状」〉

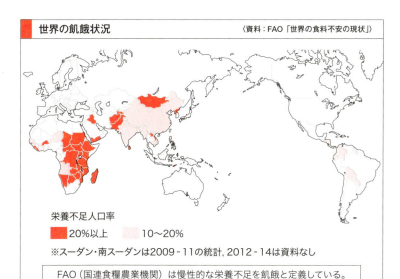

栄養不足人口率
- ■ 20%以上
- □ 10〜20%

※スーダン・南スーダンは2009-11の統計, 2012-14は資料なし

FAO（国連食糧農業機関）は慢性的な栄養不足を飢餓と定義している。

各国の飢餓状況の変化

〈資料：FAO「世界の食料不安の現状」〉

	栄養不足人口		栄養不足人口率		変化
中国	2889	1508	23.9%	10.6%	55.4%
北朝鮮	48	93	23.3%	37.5%	▲ 60.5%
インド	2108	1907	26.9%	17.5%	36.0%
バングラデシュ	360	262	32.8%	16.7%	50.0%
ミャンマー	268	89	62.6%	16.7%	73.4%
カンボジア	30	24	32.1%	16.1%	50.0%
イラク	14	79	7.9%	23.5%	▲199.2%
ハイチ	44	53	61.1%	51.8%	15.3%
エチオピア	372	329	74.8%	35.0%	53.3%
ナイジェリア	209	112	21.3%	6.4%	69.7%
タンザニア	64	17	24.2%	34.6%	▲ 43.1%
ザンビア	27	70	33.5%	48.3%	▲ 44.0%

栄養不足人口・栄養不足人口率とも左が1990-92年，右が2012-14年の数値
栄養不足人口の単位は100万人　　▲はマイナス

めに、前項のハンバーガーの事例のような不条理が生じる。日本は年間5600万tの食糧を輸入しながら、途上国の5000万人の1年分の食糧に匹敵する1700万tを廃棄している。これも不条理だ。飢餓問題の解決のためには、このような不条理を是正しようという先進国の決断が望まれる。

🌐 自動車事故で3600人が死亡

20世紀初めにフォード社が自動車の量産体制を確立すると、自動車は急速度で普及し、世界にクルマ社会が到来する。現在、世界各地の道路を走っている自動車の総数は約12億台、ただ、そのぶん交通事故も多発している。

WHO（世界保健機関）の報告によると、今、世界では1年間に130万人、1日に約3600人が交通事故の犠牲となっている。世界の自動車の半数以上は先進国の道路を走っており、当然、事故は先進国で多く発生していると思いがちだが、そうではない。自動車による死亡事故の90％は発展途上国で発生している。途上国では、道路舗装や信号機などのインフラ整備が遅れ、事故が起きたときの救急救命体制もまだ不十分である。また、シートベルトやヘルメットなど安全器具の着用率が低く、無免許のドライバーも少なくない。

途上国の交通安全の向上のためには、道路環境の整備や安全教育の推進など長期的な取り組みが不可欠だが、低所得層の人々には、運転免許の取得やヘルメット購入の費用が大きな負担になっているという事情もある。

🌐 南極大陸とグリーランドの氷床が東京ドーム6.9杯分消失

人工衛星の観測によると、今世紀に入って、毎年、南極大陸で

世界の主要国の人口10万人あたりの交通事故死者数（2013年）〈資料：OECD〉

ブラジル	25.1
ロシア	19.7
メキシコ	17.4
コロンビア	16.0
コスタリカ	15.3
韓国	13.9
チリ	13.2
南アフリカ	12.7
リトアニア	12.6
アメリカ	12.4
ドイツ	4.4
日本	3.9
イギリス	2.8

世界の交通事情

- 市街地の速度制限が定められている国は1/3以下
- バイクの運転者のヘルメット着用を義務付けている国は90%
- シートベルト使用を義務付けている国は57%（発展途上国では38%）
- チャイルドシートの使用を義務付けている国は50%程度
- 運転は教習所ではなく家族や友人に習ったり，運転免許が売買されていたりする国がある。
- 飲酒運転となる基準は国ごとに違うが，ほとんどの国は日本より緩やかである。しかし，初犯でも重労働をともなう懲役刑が課せられたり，再犯の場合は生涯免停になるなど，罰則の厳しい国がある。

は平均152km^3，グリーンランドでは南極を上回る162km^{3}の氷床が消失しているという。合わせると年間314km^3，これは琵琶湖11杯分に相当する。1日では860万m^3，東京ドーム6.9杯分である。

アルプスやヒマラヤでは氷河の縮小や後退が著しい。ヨーロッパ最大のアレッチ氷河は，1980年頃から2km以上も後退し，2050年頃までにアルプスの氷河の75％が消失してしまうという予測もある。

氷床や氷河の消失が進む最大の原因は，地球温暖化である。グリーンランドの氷床面積は南極大陸の9分の1だが，南極よりも消失ペースが早い。これは南極大陸の氷床の温度がグリーンランドより低いことも理由だが，グリーンランドが位置する北半球に，世界の人口の92％が居住し，産業が集中し，さらに陸地面積が南半球より広いため，北半球でより温暖化が進行していることが大きな理由だ。

世界の平均気温は，過去100年間で0.74℃上昇したことが明らかになっているが，この間に世界の平均海面は約17cm上昇している。国連の最新報告では，今後100年で最大6.4℃，つまりこれまでの100年間の9倍以上の気温上昇が予測されている。このまま，温暖化によりグリーンランドや南極大陸の氷床の融解が進行すれば，2100年までに世界の海面が98cm上昇するという予測もある。しかし，その要因が人為的なものならば，当然，人間の力で阻止できるはずである。

🌐 東京ディズニーランド約275個分の森林が消失

約1万年前，世界には60～70億haの森林があったと推定さ

世界の平均気温の変化 〈資料：気象庁〉

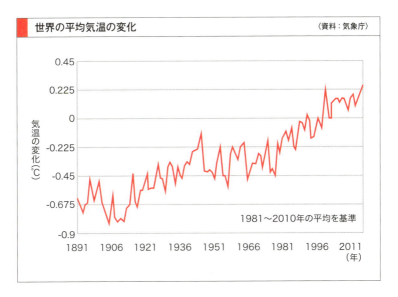

1981〜2010年の平均を基準

地球温暖化の原因となる人為起源の温室効果ガスの種類別割合

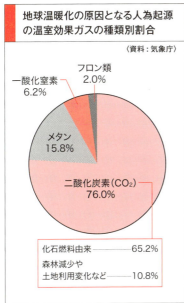

二酸化炭素の排出国 〈資料：IEA統計 2014〉

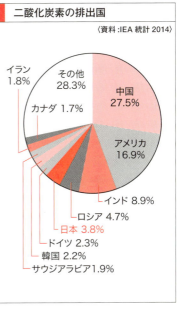

れている。しかし、農耕が始まり、人口が増え始めると、森林は伐採され続け、現在の森林面積は約40億 ha、1万年前の3分の2に減少している。

近年は、森林保護を重要視する欧米や中国では植林がさかんになり、これらの地域では減少がストップし、森林面積が増加している。しかし、その一方で、南米やアフリカの熱帯雨林の消失が著しく、現在も世界の森林は年間520万 ha のペースで減少し続けている。この面積は九州のおよそ1.5倍、1日では約1.4万ha、東京ディズニーランドの約275倍の広さの森林が消失している。

とりわけ深刻な危機に直面しているのはアマゾンの熱帯雨林だ。牧場や農地のための森林伐採により、この30年間で日本の国土の1.6倍にあたる6000万 ha の熱帯雨林が消失し、今も毎年170haが失われ、それにともなって、希少生物が絶滅し、土砂浸食や洪水などが増加している。

🌐 東京ディズニーランド約320個分の土地が砂漠化

砂漠化とは土壌が劣化し、砂漠のように植物が生育できなくなる現象をいう。このような地域は、乾燥地帯やその周辺地域に見られ、全陸地の約4分の1にあたる36億 ha が砂漠化の影響を受けている。国連の調査では、毎年約600万 ha の土地が砂漠化し、その面積は九州と四国を合わせたよりも広く、1日に約1.6万ha、東京ディズニーランド約320個分のスピードで砂漠化が進行している。

砂漠化の原因には、気候変動など自然的な要因もあるが、人為的な要因の占める割合が大きい。家畜を過剰に飼育したために、

原生林の減少

〈資料:「森林・林業学習館」〉

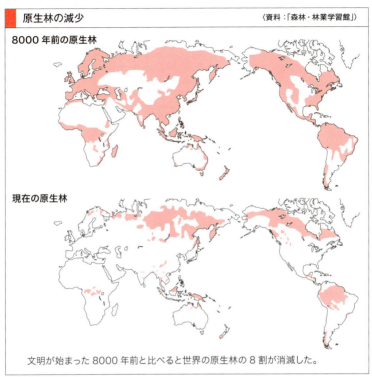

文明が始まった8000年前と比べると世界の原生林の8割が消滅した。

世界の森林面積の変化

〈資料:FAO「世界森林資源評価2010」〉

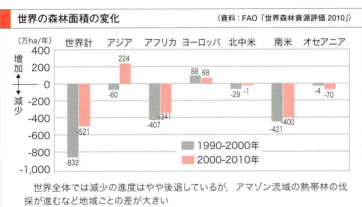

世界全体では減少の進度はやや後退しているが、アマゾン流域の熱帯林の伐採が進むなど地域ごとの差が大きい

草が根こそぎ食べ尽くされ，牧草の再生産が追いつかなくなる。燃料用の薪や住宅用建材の需要が増え，樹木の伐採量が増える。増産のために伝統的な休閑農法をとらず，連作を続けて耕地を過剰利用しために地力が著しく低下する。人が1人増えると家畜を4頭増やさねばならないとされるが，<u>人口の増加が続く途上国では過放牧・過伐採・過耕作など人間の活動に起因して砂漠化が進行している</u>。

🌐 大型タンカー58隻分の石油が消費される

2014年の世界の石油消費量は74億kL，1日あたり30万t級の大型タンカー58隻分に相当する2030万kLが消費されている。国別では日本が第3位で世界の5％を占めているが，1位のアメリカと2位の中国の2カ国で世界の約30％を消費している。1人あたりの消費量では，世界平均が1日あたりペットボトルほぼ1本分の2.1L，日本はペットボトル3本弱の5.7L，世界一はサウジアラビアの17.3Lで，消費大国アメリカの9.5Lを大きく上回る。

火力発電や暖房などの熱源，ガソリンなど交通機関の動力源，自動車のタイヤや化学繊維などの工業原料として，石油の用途は多岐にわたり，現代社会は石油の存在を前提として成立しているといっても過言ではない。しかし，石油は限りある資源である。いつかはなくなる日が来ることを人類は真剣に考えねばならない。(p.180参照)

🌐 3500億通のEメールが送信される

2000年当時の世界のインターネット人口は約4億人，その90％は先進国の国民だったが，その後，インターネットは途上

砂漠化のメカニズム

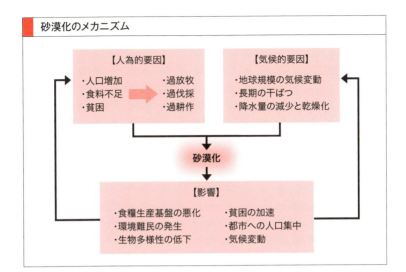

サヘル地域の砂漠化

サハラ砂漠の南側に約十数カ国にわたり帯状に広がるサヘル地域は, 1960年代以降, 干ばつが頻発し, すでに砂漠は350km南に拡大し, ここで暮らす1800万人は慢性的な食糧不足に苦しんでいる。貧困と人口増加にともなう過放牧や過耕作が, サヘルで砂漠化が進む背景にあるといわれる。

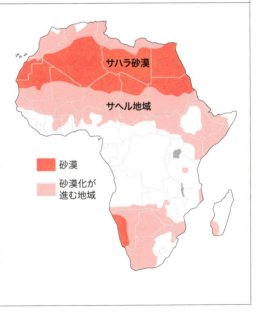

国にも急速に普及し，2014年には30億人の大台を突破，世界の総人口の40％がインターネットを利用するようになった。今やインターネットは，ごく普通のインフラであり，現代社会はインターネットなしでは成立し得えない状況だ。

　世界ではインターネットはどのように活用されているのだろうか。その指標の一つとして用いられている **DAU** というIT用語がある。Daily Active Usersの略で，SNSなどの会員登録制のWebサイトやネットサービス1日に1回以上アクセスする利用者の数のことである。いくつかを紹介しよう。

Eメールの送信数─3500億通/1day

Google を活用した検索利用数─約30億クエリ/1day

※クエリとは検索でユーザーが入力する単語または複数語のこと

Facebook の利用者数─10億人/1day

Twitter のツィート数─27万7000回/1day

YouTube にアップされる動画の時間数─10万時間/1day

Amazon の販売高─2.4億ドル（約300億円）/1day

※参考…小売業日本最大のイオンの販売高は194億円/1day

　1日にメールが3500億通というのは，先進国や途上国に関係なく地球上の全員に1人あたり約50通ということだ。他のどれも途方もない数だが，これは2014～15年のデータであり，読者の方々がこの本を読まれたときにはさらに数字は増しているだろう。

《参考文献》

『最新地理学辞典』大明堂
『世界大百科事典』平凡社
『地理用語辞典』山川出版社
『なるほど知図帳 世界』昭文社
『今がわかる時代がわかる世界地図』成美堂出版
六辻彰二『対立からわかる!最新世界情勢』成美堂出版
tripadvisor『世界の今がひとめでわかる図鑑』エクスナレッジ
月刊みんぱく編集部『世界の民族生活百科』河出書房新社
辻原康夫『民族文化の博学事典』日本実業出版社
杉下龍一郎『文化人類学がよ〜くわかる本』秀和システム
『月刊みんぱく』国立民族学博物館
寺門和夫『図解雑学 地球温暖化のしくみ』ナツメ社
地球科学研究会『とことんやさしい地球科学の本』日刊工業新聞社
『世界の食べもの(週刊朝日百科)』朝日新聞出版
朝倉敏夫・阿良田麻里子『くらべてみよう!日本と世界の食べ物と文化』講談社
川北稔『世界の食文化17 −イギリス』農山漁村文化協会
21世紀研究会『食の世界地図』文藝春秋
岡田哲『コムギの食文化を知る事典』東京堂出版
川北稔『砂糖の世界史』岩波書店
德久球雄『食文化の地理学』学文社
溝口優司『アフリカで誕生した人類が日本人になるまで』SBクリエイティブ
原島博・馬場悠男『人の顔を変えたのは何か』河出書房新社
秋山芳弘・三浦一幹・原口隆行『世界のハイスピードトレイン』JTBパブリッシング
『世界の高速列車II(地球の歩き方)』ダイヤモンド社
吉田集而『風呂とエクスタシー』平凡社
秋道智彌『クジラは誰のものか』筑摩書房
スティーブン・エモット『世界がもし100億人になったなら』マガジンハウス
田村慶子『シンガポールを知るための62章』明石書店
『インド−目覚めた経済大国』日本経済新聞社
NHKスペシャル取材班『42.195kmの科学』角川書店
宮澤智士『白川郷合掌造Q&A』智書房
『新しい社会 地理』東京書籍
『新詳地理B』帝国書院

《参考論文・レポート》
「チベット族における兄弟型一妻多夫婚の形成理由の考察」六鹿桂子（名古屋大学）
「米生産コストをめぐる現状と対応方向」農林水産省
「北東アジアのハブ空港を目指す仁川国際空港」末松顕成
「世界の食糧不安の現状2015年報告」FAO
「今後の首都圏空港のあり方について」国土交通省航空局
「アメリカのコメ」服部信司（日本農業研究所）
「アフリカの一夫多妻婚」早瀬保子（アジア経済研究所）
「平成26年度主要エタノール生産国（ブラジル）における企業動向等関する調査」経済産業省（株式会社アイ・ビー・ティ調べ）
「2008年捕鯨に関する生活者意識調査報告書」（株）日本リサーチセンター
「食品ロス統計調査報告」農林水産省
「捕鯨をめぐる情勢」水産庁
「我が国で発生する地震」内閣府
「インドにおけるIT産業の実態と課題」福島義和（専修大学）
「インドネシアにおけるイスラム教徒のイスラム教義理解とその実践、及びジェンダー規範」大形里美（九州国際大学）

《参考ウェブサイト》
■総務省統計局 http://www.stat.go.jp/ ■農林水産省 http://www.maff.go.jp/ ■国土交通省 http://www.mlit.go.jp/ ■経済産業省 http://www.meti.go.jp/ ■環境省 http://www.env.go.jp/ ■外務省 http://www.mofa.go.jp/mofaj/ ■気象庁 http://www.jma.go.jp/jma/ ■林野庁 http://www.rinya.maff.go.jp/ ■WHP（国連世界食糧計画）http://ja.wfp.org/ ■FAO（国連食糧農業機関）http://www.fao.or.jp/ ■OECD東京センター http://www.oecd.org/tokyo/home/ ■日本WHO協会 http://www.japan-who.or.jp/ ■日本貿易振興機構JETRO https://www.jetro.go.jp/ ■農畜産業振興機構 http://www.alic.go.jp/ ■世界経済の潮流－内閣府 http://www5.cao.go.jp/j-j/sekai_chouryuu/index.html ■NHK for School http://www.nhk.or.jp/school/ ■NHKスペシャル http://www6.nhk.or.jp/special/ ■NHK解説委員室 http://www.nhk.or.jp/kaisetsu/index.html ■NHKクローズアップ現代 http://www.nhk.or.jp/gendai/index.html ■朝日新聞DEGITAL http://www.asahi.com/ ■産経ニュース http://www.sankei.com/ ■日本経済新聞web刊 http://www.nikkei.com/ ■ウィキペディア https://ja.wikipedia.org/ ■社会実情データ図録 http://www2.ttcn.ne.jp/honkawa/ ■GLOBAL NOTE http://www.globalnote.jp/ ■BRICs事典 http://www.brics-jp.com ■NET IB NEWS http://www.data-max.co.jp/ ■All About http://allabout.co.jp/ ■TELESCOPE Magazine http://

www.tel.co.jp/museum/magazine/ ■ mugendai http://www.mugendai-web.jp/ ■ Globature http://globature.com/jp/ ■ GigaziNE http://gigazine.net/ ■ JBPRESS http://jbpress.ismedia.jp ■ ロケットニュース24 http://rocketnews24.com/ ■ エンタープライズ http://enterprisezine.jp/iti/detail/2993 ■ 京都大学人類科学研究所 http://oldwww.zinbun.kyoto-u.ac.jp/ ■ 人類の進化と拡散 http://www.geocities.jp/msakurakoji/900Note/106.htm ■ Home of World athletics http://www.iaaf.org/home ■ Tsubasa Webrary http://www.tsubasa.to/index/index.html ■ 陸上競技応援ブログ http://ameblo.jp/8944h/ ■ Love Sports web Sportiva http://sportiva.shueisha.co.jp/ ■ 農業ビジネス http://agri-biz.jp/ ■ USA ライス連合会 http://www.usarice-jp.com/ ■ カリフォルニア・シリコンバレーの生活方法 http://uguisu.skr.jp/usa/ ■ 全日本コーヒー協会 http://coffee.ajca.or.jp/ ■ お茶ミュージアム http://museum.ichikawaen.co.jp/ ■ 紅茶辞典 http://c.cocacola.co.jp/kochakaden/tips/ ■ 世界の鉄道旅行 http://kaigaitrain.com/ ■ Courrier international http://www.courrierinternational.com/ ■ 黄金の国ジパング http://golden-zipangu.jp/tibet-wedding/ ■ NPO法人健康と温泉フォーラム http://www.onsen-forum.jp/ ■ ジョンソン・エンド・ジョンソン株式会社 http://jnj.co.jp/ ■ ヨーロッパで暮らす 日独伊＋瑞 日々の生活 http://europeanlife.web.fc2.com/ ■ ペンギンの達人 http://www.pen-t.com/ ■ ペンギン図鑑 http://www.pengin.sugarpot.biz/ ■ 日本捕鯨協会 http://www.whaling.jp/index.html ■ 神奈川県温泉地学研究所 http://www.onken.odawara.kanagawa.jp/ ■ 世界の人口ピラミッド http://populationpyramid.net/ja/日本/2015/ ■ 世界の交通事故状況 http://jiko.good7num.com/ ■ 石油連盟 http://www.paj.gr.jp/ ■ 森林・林業学習館 http://www.shinrin-ringyou.com/ ■ 防災科学技術研究所 http://www.bosai.go.jp/ ■ 鳥取大学乾燥地研究センター http://www.alrc.tottori-u.ac.jp/japanese/index.html ■ 中小企業国際化支援レポート http://www.smrj.go.jp/keiei/kokurepo/index.html ■ 日本国際飢餓対策機構 http://www.jifh.org/joinus/know/ ■ 地球温暖化白書 http://www.glwwp.com/ ■ 全国地球温暖化防止活動推進センター http://www.jccca.org/ ■ SEMリサーチ http://www.sem-r.com/ ■ とりあえず100カ国『自由やねん』Yuh Kawasaki http://ameblo.jp/yuyuyuyuyuh/

（以上、順不同）

宇田川 勝司
うだがわ かつし

1950年大阪府岸和田市生まれ、現在は愛知県犬山市に在住。
関西大学文学部史学科（地理学）卒業。
中学・高校教師を経て、退職後は地理教育コンサルタントとして、東海地区のシニア大学やライフカレッジなどの講師、テレビ番組の監修、執筆活動などを行っている。
おもな著作は『ビックリ！意外 日本地理』（草思社）、『数字が語る現代日本の「ウラ」「オモテ」』（学研教育出版）、『中学生のための特別授業　宇田川勝司先生の地理』（学研教育出版）、『なるほど日本地理』（ベレ出版）、『中学校地理ワーク＆パズル85』（明治図書）、『地理の素』（ネクストパブリッシング『GIS NEXT』に連載）、『地名の雑学』『中学校すぐ使える手作りプリントページ』『おもしろ比べ関東vs関西』（いずれも明治図書『社会科教育』に連載）、など。
HP「日本地理おもしろゼミナール」http://www.mb.ccnw.ne.jp/chiri-zemi/

なるほど世界地理
せかいちり

2016年5月25日	初版発行

著者	宇田川 勝司
DTP・カバーデザイン	川原田 良一（ロビンソン・ファクトリー）
イラスト	いげためぐみ

©Katsushi Udagawa 2016, Printed in Japan

発行者	内田 真介
発行・発売	ベレ出版 〒162-0832　東京都新宿区岩戸町12　レベッカビル TEL.03-5225-4790 Fax.03-5225-4795 ホームページ　http://www.beret.co.jp 振替 00180-7-104058
印刷	三松堂株式会社
製本	根本製本株式会社

落丁本・乱丁本は小社編集部あてにお送りください。送料小社負担にてお取り替えします。

本書の無断複写は著作権法上での例外を除き禁じられています。
購入者以外の第三者による本書のいかなる電子複製も一切認められておりません。

ISBN978-4-86064-474-1 C0025　　　　　　　　編集担当　森 岳人

なるほど日本地理

宇田川勝司　本体価格 1500 円　四六判並製

身近なテーマから地理の基礎知識を学べる入門書です。「海抜と標高の違い」「和牛と国産牛の違い」や「都道府県名の由来」など、ふだんよく耳にするけれども、言われてみるとじつはよくわかっていない疑問を解き明かします。またこれらの疑問・話題を広く深く掘り下げ、さらに日本地理の知識の幅を広げていきますので、毎日のニュースの理解も深まること間違いなしです。地理が苦手だったり、忘れてしまった大人の学びなおしにも最適です。読んで納得、知って役立つ地理のおもしろさが詰まった一冊です。